21世纪职业教育系列教材

人际沟通与礼仪

主　审　庄铭星　肖育发
主　编　李昌彧　黄翠红　上官云
副主编　张　筠　崔　政　纪惠如　罗秋怡
　　　　雷　蕾　黄亚寿　邱长勇
参　编　张　翠　陈倩倩　郑怡萍　周婷婷
　　　　洪娇蓉　黄亚双　庄霏霏

中国人民大学出版社
·北京·

图书在版编目（CIP）数据

人际沟通与礼仪/李昌彧等主编．—北京：中国人民大学出版社，2016.4
21 世纪职业教育系列教材
ISBN 978-7-300-22814-3

Ⅰ.①人… Ⅱ.①李… Ⅲ.①人际关系学-职业教育-教材②心理交往-礼仪-职业教育-教材
Ⅳ.①C912.1

中国版本图书馆 CIP 数据核字（2016）第 083336 号

21 世纪职业教育系列教材
人际沟通与礼仪
主　审　庄铭星　肖育发
主　编　李昌彧　黄翠红　上官云
副主编　张　筠　崔　政　纪惠如　罗秋怡　雷　蕾　黄亚寿　邱长勇
参　编　张　翠　陈倩倩　郑怡萍　周婷婷　洪娇蓉　黄亚双　庄霏霏
Renji Goutong yu Liyi

出版发行　中国人民大学出版社
社　　址　北京中关村大街 31 号　　**邮政编码**　100080
电　　话　010－62511242（总编室）　　010－62511770（质管部）
　　　　　010－82501766（邮购部）　　010－62514148（门市部）
　　　　　010－62515195（发行公司）　　010－62515275（盗版举报）
网　　址　http：//www.crup.com.cn
经　　销　新华书店
印　　刷　北京宏伟双华印刷有限公司
开　　本　787 mm×1092 mm　1/16　　**版　　次**　2016 年 4 月第 1 版
印　　张　8.75　　**印　　次**　2024 年 1 月第 11 次印刷
字　　数　160 000　　**定　　价**　39.80 元

前　言

党的二十大报告指出，我们要“加强和改进未成年人思想道德建设，推动明大德、守公德、严私德，提高人民道德水准和文明素养。”人际关系是人类社会生活的基础；生活中处处有沟通，沟通时刻影响着人们的生活；礼仪不仅是文明的外化，也是一种沟通技巧。美国著名心理学家、人际关系学家、成功大师卡耐基说：“一个成功的企业家只有15％是靠他的专业知识，而85％是靠他的人际关系与领导能力。”在现代社会，善于沟通是个人在社会取得成功的基本前提，而礼仪是塑造形象、实现有效沟通的重要手段。如今许多用人单位的招聘条件中最突出的就是要求有团队协作能力、礼貌诚信、善于沟通，即更看重招聘对象的沟通能力、礼仪素养。为适应广大学生就业和职业生涯发展需要，我们组织富有教学实践经验的一线教师编写了本书。

基于上述人际关系、沟通、礼仪之内在联系分析，本书分为人际关系篇、沟通篇、礼仪篇共十二章，重点要求学生掌握并运用沟通技巧，掌握人际交往和职业场所的基本礼仪，创造和谐的人际关系。

本书以学生为主体，以任务驱动为导向，构建人际沟通与礼仪的理论体系，通过具体内容的讲解和技能训练，培养学生人际沟通的良好态度，提高礼仪素养，协调人际关系。本书注重实用，突出实践，可为学生建立良好的职业性人际关系提供便利。

本书为职业院校人文素养教材，各专业通用。使用时，可依实际需要，对教材内容进行适当增减，也可根据不同的专业来选择内容，开设专题讲座。

本书主编集美轻工业学校高级讲师李昌彧，负责全书大纲编写及体例制定，联系出版事宜和最后统稿工作；主编厦门信息学校高级讲师黄翠红、上官云，协助书稿统筹、出版联络工作；集美轻工业学校高级讲师纪惠如老师担任副主编，协助联络、文字校对工作；参与本书编写的还有集美轻工业学校的郑怡萍、周婷婷老师，厦门信息学校的洪娇蓉、黄亚双和厦门工商旅游学校的庄霏霏老师等。具体编写分工如下：李昌彧编写第八、第九章，黄翠红编写第一、第二章，上官云编写第四章，纪惠如编写第五章，郑怡萍编写第六章，周婷婷编写第十章，洪娇蓉编写第三章，黄亚双编写第十一章，庄霏霏编写第七、第十二章。

本书由福建省职教学会德育教学委员会理事长、厦门信息学校校长、高级讲师庄铭星和集美轻工业学校高级讲师肖育发担任主审，负责本书审定工作。

在本书编写过程中，参阅、援引、选用了有关教材、著作、报刊资料，未能一一列出，在此一并表示诚挚的谢意。

由于编者阅历、水平有限，加之时间比较仓促，书中错漏难免，恳请各位读者斧正。

编者

第一篇 人际关系篇

第二篇 沟通篇

第三篇　礼仪篇

第一篇 人际关系篇

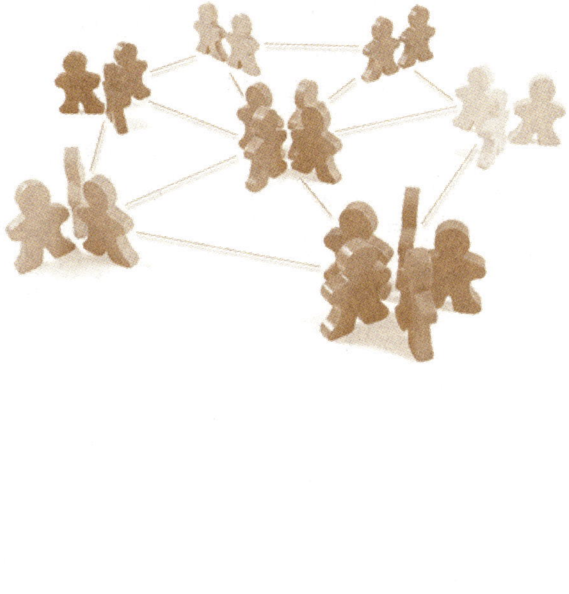

第一章 人际交往

第一节　人际交往的产生与发展

一、人际交往及其特点

人际交往是指人们运用语言或非语言符号交换意见、传达思想、表达感情和需要等的交流过程，包括物质交往和精神交往。人作为社会的生物，交往是其基本需要。通过人与人之间的接触，在联系中彼此传递信息、相互了解、产生影响，从而形成这样或那样的人际关系，所以人际交往是人际关系的起点。

人际交往具有以下几个基本特点。

（一）人际交往是信息的沟通

交往过程的首要方面就是交往双方的信息沟通，它是相互知觉和理解的基础。人们在共同活动中彼此交流的各种观念、思想、兴趣、情感等，都可以看作是信息。沟通即信息传递的过程，信息不仅是在传递，而且也在形成、补充和发展。

（二）人际交往是人们的相互认知

人们在交往时不但进行信息沟通，而且通过对方的外部资料形成一定的印象，并力图揭示其观念、态度、情感和行为动机等内在因素。这种交往过程中个人对他人的知觉、理解和评价过程叫做人际认知。人只有认识和了解与之交往的对象，才有可能更可靠地确定和对方的实际关系，更好地预测与其共同活动的前景，并进一步表示自己对他的态度。

人际认知既是人际交往的前提又是人际交往的结果。人们通过人际认知形成对他人的印象，对他人行为的内在原因进行推测，进而调节自己的行为并预见对方的行为，所以印象的形成和归因是构成人际认知的重要部分。

（三）人际交往是一种相互作用

人际交往的目的在于满足个人的种种动机，因此人们在与他人进行信息交流并试图了解对方时，应通过彼此的交互作用来影响对方的态度，改变对方的行为以符合自己的意愿。人际互相作用的种类和方式有很多，按交往者的积极程度标准，可将其分为感染、暗示、说服、模仿等。

二、人际交往的发展过程

（一）定向阶段

在人际交往中，人们对交往的对象具有很高的选择性。进入一个交往场合时，人们往往会选择性地注意某些人，而对另外一些人视而不见，或者只是礼貌性地打个招呼。对于注意到的对象，人们会进行初步的沟通，谈谈无关紧要的话题。在这个阶段，人们只有很表层的自我表露，例如谈谈自己的工作，对最近发生的新闻事件的看法等。

（二）情感探索阶段

如果在定向阶段双方有好感，产生了继续交往的兴趣，那么就可能有进一步的自我表露，例如工作中的体验、感受等，并开始探索在哪些方面双方可以进行更深的交往。这时双方有一定程度的情感投入，但是还不会涉及私密领域。此外，双方的交往还会受到角色规范、社会礼仪等方面的制约。

（三）情感交流阶段

如果在情感探索阶段双方能够谈得来，建立了基本的信任感，就可能发展到情感交流阶段，彼此有比较深的情感投入，谈论一些相对私人化的问题，例如相互诉说工作、生活中的烦恼，讨论家庭中的情况等。这时，双方的关系已经超越了正式规范的限制，放松、自由自在，如果有不同意见也能够坦率相告，没有多少拘束。

（四）稳定交往阶段

情感交流如果能够在一段时间内顺利进行，双方就有可能进入更加密切的阶段，成为亲密朋友，可以分享各自的生活空间、情感、财物等，自我表露更深、更广，相互关心也更多。一般来说，能够达到这种境界的关系相当少，这就是人们常说的“千古知音最难觅”。

第二节　人际交往理论

一、社会交换理论

美国社会学家、心理学家霍曼斯提出的社会交换理论认为，人与人之间的交往，本质上是一个社会交换过程。这种交换不仅涉及物质的交换，同时包括非物质品，如情感、信息、服务等方面的交换。人们如何看待与他人的关系，主要取决于人们对关系中回报与成本的评价和体验。社会交换理论认为，人们所知觉到的一段关系的正面或负面程度取决于：自己在关系中所得到的回报；自己在关系中所花费的成本；对自己应得到什么样的关系和能够与他人建立一个更好关系的可能程度。总之，人们总是希望以最小的代价换取最大的回报。

回报是关系中令人愉悦的一面，它让人觉得一段关系是值得的并应加以巩固。成本则相反，因为交往需要付出大量的时间、精力，还可能意味着大量的冲突。所有友谊和浪漫关系都会有自己的成本，如忍受他人令人不悦的一些习惯和个性。人们对关系结果的评估是对成本和回报进行的直接比较，关注的是关系对自己是有盈余的（回报大于成本），还是亏空的（成本大于回报）。如果一段关系对某人来说总是亏空的，他往往会中止这种不平衡关系；反之，则会维系这种关系。

二、自我表露理论

所谓自我表露，就是通常所说的“敞开心扉”，即把有关自我的信息、内心的思想和情感暴露给对方。良好的人际关系是在交往双方的自我表露逐渐增加的过程中发展起来的。

自我表露可以增加他人对你的喜欢。自我表露本身具有很强的象征性，它给对方一个强有力的信号：你对他（她）相当信任，愿意有进一步的交往。当然，自我表露也必须注意分寸，过分的表露会让人不舒服。一般来说，表露的范围和深度是随着关系的发展而逐步增加的。对于不同的关系对象，在不同的发展阶段，自我表露的广度和深度明显不同。在非常亲密的朋友中，自我表露往往十分深入，达到无话不说的地步。但是，需要注意的是，无论关系多么亲密，人们都可能存在不愿意暴露的领域，这就是所谓的隐私问题。在人际交往中，个人往往只愿将部分隐私袒露给自己信任的亲友。除了隐私需求，人们还有沟通的需求，需要向知己说一些知心话，亲密关系本身也要求人们坦诚相待。但是，这并不意味着关系亲密的人之间就不应该有任何隐私。只有将隐私需求和沟通需求之间保持适度的平衡，亲密关系才能正常发展。

三、交往分析理论（PAC 理论）

交往分析理论又叫 PAC 理论，最初是由加拿大心理学家伯恩提出的。他认为，每个人的个性中都包括三种成分，就好像一个人身上的三个“小我”：父母、成人与孩童。

父母（Parent，简称 P）身份以权威和优越感为标志。通常表现为统治人、训斥人等权威式的作风。当一个人的人格结构中 P 成分占优势时，他的行为表现为：凭主观印象办事，独断专行，滥用权威。这种人讲起话来总是：“你应该……”“你不能……”“你必须……”

成人（Adult，简称 A）身份表现了客观与理智。其行为表现为：待人接物冷静、慎思明断、对自己负责、对他人尊重。其语言特征为：“我个人认为……”“我的想法是……”

孩童（Child，简称 C）身份表现为婴儿的冲动，具体为服从和任人摆布，喜怒无常，感情用事，一会儿天真可爱，一会儿又乱发脾气。他的表现都是即兴的，不负责任、追求享乐、玩世不恭、遇事无主见，逃避、退缩，以自我为中心，不顾他人感受。这种人讲起话来总是：“我是……”“我想……”“我不知道……”“我不管……”

在 P、A、C 三种成分中，P、C 具有盲目性、被动性与两面性。而 A 具有自觉性、客观性与探索性，致力于弄清事实真相、事物间的关系与变化规律，能够站在别人的角度审视自己，具有反省能力。根据 PAC 理论，不同的心态可以构成不同的交往组合。当交往双方的相互作用构成一种平行关系时，交往是可持续的，对话可无限地继续下去。这种交往有六种具体形式：P—P、A—A、C—C、C—P、A—P、C—A。在这六种交往形式中，P—P 双方都自以为是，这不顺眼，那也不好，双方谈得很投机，但都在指责别人。这样的两个人，若一直交往，久而久之，就会互相助长偏激、苛求的性格。C—C 交往则有些“同流合污”的味道，两人一拍即合，但都不负责任。C—P、A—P、C—A 均属于互补型的交往，我期望对方的，刚好是对方回应的。这些交往因为互补，所以能够持续，但潜藏着不平等与依赖，长此以往，也不利于交往双方的发展。只有 A—A 交往是最健康的，大家都本着负责与尊重的原则，力图合情合理地解决问题。因此，A—A 交往是最成功的。

第二章 人际关系

第一节 人际关系概述

人际关系是人们在人际交往过程中所结成的心理关系。生活在一定社会文化环境中的个体，总是要和周围的人发生各种各样的交流和联系，形成各种形式的人际关系。人际关系是生活的基础。大量的研究表明，人际关系对人的身心健康、事业成功与生活幸福有着重要影响。

一、人际关系的含义与特征

人们在交往过程中发生、发展和建立起来的人与人之间的心理上的关系叫人际关系。它反映了个人或群体寻求满足其社会需要的心理状态，表明了人们在相互交往的过程中关系的深度、亲密性、融洽性和协调性等心理方面的联系程度。因此，人际关系的变化和发展决定于双方的社会需要从对方获得满足的程度。如果交往双方都获得了各自社会需要的满足，就会产生并保持接近、友好的心理关系；反之，则会产生疏远、回避甚至敌对的关系。

人际关系具有以下几方面的特征：

（1）个体性。人际关系的本质表现在具体个人的互动过程中。在人际关系中，“教师”与“学生”、“上司”与“下属”等角色因素退居到次要地位，而对方是不是自己所喜欢或愿意亲近的人成为主要问题。这就是人际关系的个体性特点的表现。

（2）直接性、可感性。人际关系是在人们直接的甚至是面对面的交往过程中形成的，它反映出他人满足其需要的心理状态，每个人都可以切实地感受到它的存在。一般来说，没有直接的交往和接触是不会产生人际关系的，但只要建立起某种人际关系，就一定为人们所直接体验到。

（3）情感性。人际关系的基础是人们彼此之间的情感活动。情感因素是人际关系的主要成分。人际间的情感倾向可以归结为两大类：一类是使人们互相接近或吸引的情感，即连属的情感；另一类是使人们互相排斥和反对的情感，即分离的情感。

二、人际关系与人际交往

人际关系是在人际交往的基础上所形成的人与人之间的心理关系，它表现了人与人之间心理距离的远近，反映着人们寻求满足社会需要的心理状态。

人际交往是人际关系实现的前提和基础，是人际关系形成的途径；而人际关系则是人际交往的表现和结果。两者的区别是：人际交往侧重于人与人之间的联系与接触的过程，以及行为方式等；人际关系侧重于在交往基础上所形成的心理状态和结果。从时间上看，人际交往在前，人际关系在后；人际交往是一个动态的过程，而人际关系则具有相对的稳定性。

三、人际关系的重要意义

（一）交往与个性发展

心理学研究结果表明，儿童与其照看者之间通过积极的交往形成的稳定的亲密关系，是其心理乃至身体正常发展不可缺少的条件。与此同时，如果儿童缺乏与成人的正常交往及由此建立起来的亲密关系，不仅性格发展会出现问题，而且智力会出现明显障碍。

交往是个性发展与人格健全的必经之路。个体只有通过与其他个体发生联系，通过学习社会知识、技能与文化，才能取得社会生活的资格。离开社会的交往环境，离开与他人的合作，个体是无法成为一个合格的社会人的。例如，狼孩由于失去了与他人交往的最佳时期，失去了其作为“人”的成长的环境，故即使后来被发现、回归人群后，也很难成为一个正常的“人”了。

（二）交往与心理健康

美国心理学家卡伦·霍妮在其所著《精神分析新法》中指出，神经症是人际关系紊乱的表现。人类的心理病态，主要是由于人际关系失调导致的。也就是说，人际关系紧张的人，不但事业会受阻，而且情绪不好，会陷入极大的痛苦之中。

心理学家研究表明，如果一个人长期缺乏与别人的积极交往，缺乏稳定的良好人际关系，那么这个人往往有明显的性格缺陷。健康的性格总是与健康的人际交往相伴随的。心理健康水平越高，与别人的交往就越积极，越符合社会的期望，与别人的关系也越深刻。个性成熟的人，都同别人有良好的交往与融洽的关系，他们可以很好地理解别人，容忍别人的不足和缺陷，能够对别人表示理解，具有给人以温暖、关怀和爱的能力。

（三）交往与成才

美国著名的心理学家和人际关系学家戴尔·卡耐基说："一个人事业的成功，只有15%是靠他的专业技术，而85%是靠他的人际关系与领导能力。"毛泽东青年时代在湖南第一师范求学时，结交了十几个十分要好的朋友，像蔡和森、向警予等。他们经常相聚在橘子洲头、岳麓山下，一起研究学问、关注时事、探索救国之道，用"以天下为己任"相互勉励；一起游泳、爬山，在风雨中练习跑步，锻炼强健的体魄和坚强的毅力；一起办工友学校，做社会调查，深入民众……这些优秀的青年互相学习、互相启发、互为益友，彼此激励革命的理想，摸索革命的理论，他们中的许多人后来都成了中国革命的栋梁之材。

（四）人际关系是一把双刃剑

在现实生活中，有些人很有才华和能力，却总得不到提拔和发展，其重要原因是缺乏良好的人际关系。"水能载舟，亦能覆舟"。一个人的幸福和快乐来自人际交往，一个人的痛苦和不幸也常与人际交往的不成功有关。当人际关系和谐、融洽时，它会让人愉快、充实、幸福、成功、欢乐，并能充分调动起人的积极性；而当人际关系紧张、失调时，它又会给人带来烦恼、痛苦、失望、忧伤和心理阴影。

第二节 人际关系产生的社会心理学基础

人际关系的形成过程是人们在人际交往中相互作用的结果，包括认知、动机、情感、态度和行为等成分。

认知是人际关系的前提，人与人的交往首先是从感知、识别、理解开始的，若彼此之间互不认识、毫无所知，就不可能建立人际关系。

动机在人际关系中有着引发、指向和强化功能。人与人的交往总是缘于某种需要、愿望或诱因，无缘无故、彼此没有需要是不可能建立起真正的人际关系的。

情感是人际关系的重要调节因素。人们在交往过程中，总是伴随着一定的情感体验，如满意或不满意、喜爱或厌恶等，人们正是根据自身情感体验不断调整人际关系的。

态度在人际关系中具有重要意义。人们在交往中无时无刻不觉察到别人的态度，也无时无刻不对别人表现出某种态度。态度如何会直接影响人际关系的建立、形成和发展。

行为是人际关系的交往手段。在人际关系中，不论是认知因素、动机因素还是情感因素、态度因素，都要通过行为即言谈举止、表情姿势等外部动作表现出来。

认知、动机、情感、态度及行为等心理因素的不同组合、相互作用，形成人际关系不同的思想基础、动机特征、感情色彩、态度倾向和行为方式，从而表现出人际关系的不同层次和发展水平。

研究表明，人们在将近 3/4 的非睡眠时间中都与他人在一起，只有在做家务、洗澡、听音乐或在家学习时才独自一人。与此相对，当人们在学习或工作的时候，更倾向于和他人在一起，并且和他人在一起时，个体表现得更快乐、警觉和兴奋。人们为什么如此需要与他人相伴呢？心理学家作出了各种解释。

一、亲和需要

美国著名心理学家阿特金森等人认为，人们社会交往的动机有两种：一种是亲和需求，是一种个人寻求和保持许多积极人际关系的愿望，即人们有需要和他人相伴的倾向；另一种是亲密需求，是人们追求温暖、亲密关系的愿望。

关于人的亲和需要，美国心理学家沙赫特有一个著名的实验。他设计了一个没有窗户但有空调的房间，里面除了一张桌子、一把椅子、一张床、一个马桶、一盏灯外再无其他东西，一日三餐通过房门底的小洞口送入。谁能在这样的房间待上一天就能得到一笔可观的报酬，其目的是想测量一下人在这样与世隔绝的情境下能待上几天。五名大学生参与了该实验，结果是：其中一人只待了 20 分钟就受不了了，放弃了实验，有两个人待了两天，待得最长的一个人也只待了八天。这个探索性的研究表明人对孤独的忍耐力是有差异的，但很难有谁能无止境地生活在孤独的环境里。

二、人际关系的回报

在越来越复杂和多样化的社会需要中，人们会愿意与那些在一起有乐趣、能够获得帮助、强有力的人形成关系。这些关系能够给人们带来好处。社会交换理论指出，人们通过社会交换获得心理与物质回报，因此人们会尽量寻求并维持回报大于付出的人际关系。人们从关系中获得的好处是人际关系形成与维持的一个重要原因。

三、摆脱寂寞

人们与他人交往的第三个原因是摆脱寂寞。寂寞是指当人们的社会关系欠缺某种重要特征时所体验到的主观不适。这种欠缺可能是数量上的：没有朋友或者朋友比期望的要少；也可能是质量上的：感到关系肤浅或达不到期望的程度。

很多时候，寂寞是因生活变化使人们离开朋友或亲密伙伴而引起的。通常能够引起孤独感的情境包括搬到新的城市居住、离开学校、开始一份新工作、不能与朋友或心爱的人见面、结束一段重要的关系等。虽然在有些情境中摆脱寂寞很困难，但大多数人最终能从情境造成的寂寞中恢复过来，重新建立满意的社会生活。不过，有些人长期受寂寞折磨，不受生活变化的影响，这被称为慢性寂寞，这些人的生理与心理健康都将受到影响。严重的寂寞与一系列个人问题相关，包括抑郁、酒精或毒品滥用、身体疾病、学业成绩差等。可以说，从出生到死亡，很少有人可以完全逃过寂寞的困扰，这正反映了人们对社会关系的需要。摆脱寂寞的唯一方法就是建立人际关系，以满足人类“联结”的基本心理需要。

第三节　建立良好人际关系的原则与途径

一、建立良好人际关系的原则

（一）交互原则

古人云：“爱人者，人恒爱之”“己所不欲，勿施于人”。交互原则是指交往双方在满足对方需要的同时，又能得到对方的回报，双方的交往关系就能继续发展。如果一方只索取不给予，交往就会中断。互利性越高，交往双方的关系就越稳定、密切；互利性越低，交往双方的关系就越疏远。人际间的互利包括物质和精神两方面。

（二）功利原则

功利性是人际交往的一项基本原则，是人际交往的一种动力。功利原则要求我们在人际交往过程中要考虑双方的共同价值和利益，使双方在交往中都能得到好处和利益，获得心理上的满足和平衡。

（三）尊重原则

尊重包括自尊和尊重他人两个方面。自尊就是在各种场合自重自爱，维护自己的尊严；尊重他人就是尊重他人的人格、习惯与价值，尤其要尊重他人的隐私。尽管由于主、客观因素的影响，人与人在气质、性格、能力、知识等方面存在差异，但人格是平等的。只有尊重他人，才能得到他人的尊重。

（四）真诚原则

真诚待人是人际关系中最有价值、最重要的原则。以诚待人是人际交往得以延续和深化的保证。美国的一位心理学家曾列出555个描写人品的形容词，让大学生说出最喜欢哪些、最不喜欢哪些，结果学生评价最高的品质是真诚。在8个评价最高的形容词中，有6个和真诚有关，即真诚、诚实、忠诚、真实、信赖和可靠。在评价最低的品质中，虚伪居首位。在交往中，只有彼此抱着心诚意善的动机和态度，才能相互理解、接纳、信任，引起感情上的共鸣，使交往关系得到巩固和发展。

（五）宽容原则

宽容表现为对非原则问题不斤斤计较，能够以德报怨等。在人际交往中，难免会遇到一些令人不愉快的人和事，要学会宽容，学会克制和忍耐。苏轼说得好："匹夫见辱，拔剑而起，挺身而斗，此不足为勇也。天下有大勇者，猝然临之而不惊，无故加之而不怒。此其所挟持者甚大，而其志甚远也。"在人际交往中，心胸要宽，姿态要高，气量要大，遇事要权衡利弊，切不可事事斤斤计较、苛求他人、固执己见。有了这样的心态，就会有良好的人际关系。

（六）理解原则

相互理解是人际沟通、促进交往的条件。理解不等于知道和了解。就人际交往而言，不仅要细心了解他人的处境、心情、好恶、需求等，还要根据彼此的情况，主动调整或约束自己的行为，尽量给他人以关心、帮助和方便，多为他人着想，尽量体恤别人。在交往中，善解人意，处处理解和关心他人，也较易得到别人相应的回报。

（七）信用原则

人际交往讲究一个"信"字。信用有两层含义：一是"言必信"，即说真话，不说假话。如果一个人满嘴谎言，到头来即使说了真话也不能使人相信了。二是"行必果"，即说到做到，遵守诺言，实践诺言。如果一个人到处许愿而不去行动、兑现，必然会引起人们的反感和唾弃。要取信于人，第一，要守信，即言行一致，说到做到；第二，要信任，不仅要信任别人，而且要争取赢得别人的信任；第三，不要轻易许诺，即不说大话，不做毫无把握的承诺；第四，要诚实，即自己能办到的事可以答应别人去办，办不到的事要讲清楚，以赢得对方的理解；第五，要自信，即要有自信心，相信自己能做好，给人以信赖感和安全感。

二、建立良好人际关系的途径

（一）克服社会知觉中的偏差

社会知觉中的偏差，包括首因效应与近因效应、晕轮效应、刻板效应、定势效应、投射效应等，在人际交往中要注意加以克服。

首因效应：是指个体在社会认知过程中，通过第一印象最先输入的信息对客体以后的认知产生的影响作用。

近因效应：与首因效应相反，是指交往中最近一次见面给人留下的印象，即交往过程中，个体对他人最近、最新的认识占据主体地位，掩盖了以往形成的对他人的评价。

晕轮效应：是指个体对他人的认知判断首先是根据个人的好恶得出的，然后从这个判断推论出认知对象的其他品质的现象。

刻板效应：又称定型效应，是指人们将刻印在自己头脑中的关于某人、某一类人的固定印象作为判断和评价他人的依据的心理现象。

定势效应：是指以前的心理活动会对以后的心理活动形成一种准备状态或心理倾向，从而影响以后的心理活动。

投射效应：是指以己度人，认为自己具有某种特性，他人也一定会有与自己相同的特性，把自己的感情、意志、特性投射到他人身上并强加于他人的一种认知障碍。

（二）塑造良好的个人形象，增加个人魅力

社会交往中，个体的知识水平与涵养直接影响着交往的效果。良好的个人形象应从点滴开始，从善如流，“勿以善小而不为，勿以恶小而为之”。一方面应加强自我训练，提高自身的心理素质，以积极的态度进行交往；另一方面，要丰富自己的内心世界，培养自己的个性，增加自己的内涵，从仪表到谈吐，从形象到学识，多方位提升自身的人际魅力。

（三）善用交际技巧

好的交际技巧包括换位思考、善用赞扬和批评、移情、主动交往等，善用交际技巧对建立良好的人际关系非常重要。以帮助与相互帮助开端的人际关系，人与人之间的心理距离可以迅速缩短，使良好的人际关系迅速建立起来，“患难之交”正说明了这一点。

（四）人际冲突的建设性处理

每个人都希望生活充满阳光，都希望友谊天长地久，都希望人情温馨

美好，但生活总是现实的，人与人之间的冲突是在所难免的。若要避免人际冲突及人际关系的破裂，则需要认清人际冲突或分歧的本质，并学会建设性地处理冲突或分歧，从而有效地减少人际关系恶化和破裂的发生。

（1）冲突在所难免。在人际交往中，人际冲突是一种常见的现象。由于每个人有其不同于其他人的经历，有自己独特的情感、理解力和利益背景，因此，人与人之间出现不一致或冲突是不可避免的。无论什么样的关系，也无论交往双方的关系有多么深刻、情感有多么融洽，都可能出现冲突。因此，在同任何人交往的过程中，都应对可能出现的冲突有心理准备。

（2）冷静、理性是关键。预计冲突、正确了解冲突并建设性地处理冲突，以避免在冲突中付出不必要的代价。一般情况下，如果一个人在毫无准备的情况下被直接卷入冲突，那么在整个冲突过程中始终保持理性是十分困难的。人是情绪化的动物，在人过于激动的时候，思维会受到明显的干扰，很难保证对事情进行正确判断。在冲动之下做出对人际关系有害的乃至犯罪行为的情形经常发生。然而，在实际生活中，更多的人际冲突都是可以避免的。学会用移情的方式去体验别人的情感，可以避免判断的错误，防止发生不恰当的行为。对于已经发生了的冲突，如果处理得当，就事论事，往往可以避免人际冲突。

三、在校学生如何处理好师生、父母、同学之间的关系

（一）师生关系

作为学生，处理好师生关系的基本原则和要求是尊师重教。

尊师是中华民族的传统美德。我国古代就十分重视老师的作用，强调要从师、尊师。韩愈在《师说》中指出："古之学者必有师。师者，所以传道受业解惑也。人非生而知之者，孰能无惑？惑而不从师，其为惑也，终不解矣。"毛泽东对他的老师徐特立始终深怀敬意，在给徐老六十寿辰的贺信中这样写道："徐老同志，你是我二十年前的先生，你现在仍然是我的先生，你将来必定还是我的先生"，这就是尊师的典范。

（二）与父母的关系

长幼有序是五伦关系之一，中国传统家庭美德的一个突出方面是尊老爱幼、孝敬父母。"孝"是中国最古老的道德原则之一，是儒家最基本的道德要求，在中国传统道德中占有特殊的地位。自孔子开始，孝德便被当作"仁之本"，"百行孝为先"成了千百年来人们所奉行的一条道德原则。"生我者父母"，每一个人的成长都离不开父母。因此，孝敬父母是每个人应有的品德，也是每个公民的社会责任和义务。2 000 多年前的孟子就提出了"老吾老，以及人之老"的崇高道德思想，主张要敬重自己的父母，

同时要去敬重与自己没有亲缘关系的老人。

（三）同学关系

搞好同学关系，应该注意以下两个方面：

一是要正确对待矛盾。同学间要相互帮助、珍惜友情、正确对待矛盾。有意见、有矛盾开诚布公，互相体谅，不要冲动用事。

二是要维护集体中的融洽关系。要关心集体，尽可能发挥自己的长处，积极为集体作贡献，要注意维护集体中的融洽关系，不要挑起矛盾、搬弄是非。

第二篇 沟通篇

第三章 沟通概述

第一节 沟通的基本概念

一、沟通的定义

（一）“沟通”的字面理解

沟通源自拉丁文 communicate，原意是“分享”，英文是 communication，表示公开、公布、让大家都知道的意思；此外，亦含有传播、传达、联络、磋商、对话、谈判的意思。中文“沟通”一词则造得巧妙：沟是水沟的“沟”，通则是通畅、疏通的“通”，“沟通”就好比“通沟”，开沟使两水相通，彼此能对流、能通畅。

（二）中外学者对沟通的解释

对于什么是沟通，众说纷纭，中外学者关于沟通的定义达一两百种之多。应该说，每种定义都从某个角度揭示了沟通的部分内涵。如：

《大英百科全书》认为，沟通就是“用任何方法，彼此交换信息。即指一个人与另一个人之间以视觉、符号、电话、电报、收音机、电视或其他工具为媒介，所从事的交换消息的方法”。

《韦氏大辞典》认为，沟通就是“文字、文句或消息之交通，思想或意见之交换”。

美国政治学家、传播学家哈罗德·拉斯韦尔认为，沟通就是“什么人说什么，由什么路线传至什么人，达到什么结果”。

美国著名管理学家、社会学家、决策学大师赫伯特·西蒙认为，沟通“可视为任何一种程序，组织中的一成员，将其所决定意见或前提，传送给其他有关成员”。

美国学者桑德拉·黑贝尔斯、理查德·威沃尔二世在《有效沟通》一书中，则将沟通定义为："沟通是人们分享信息、思想和情感的任何过程。这种过程不仅包含口头语言和书面语言，也包含形体语言、个人的习气和方式、物质环境——即赋予信息含义的任何东西。"

管理学中的沟通是指信息凭借一定符号载体，在个人或群体间从发送者到接受者进行传递，并获取理解的过程。

（三）沟通的定义

综合以上表述，我们将沟通定义为：为达到一定的目的，将信息、思想和情感在个人或群体间进行传递与交流的过程。沟通的定义包含了以下几层意思：

（1）沟通首先是信息的传递。

（2）信息不仅要被传递到，还要被充分理解。

（3）有效的沟通并不是沟通双方达成一致的意见，而是准确地理解信息、思想和情感的含义。

（4）沟通是一个双向、互动的反馈和理解过程。

二、沟通的过程

沟通过程的一般模型如下图所示。

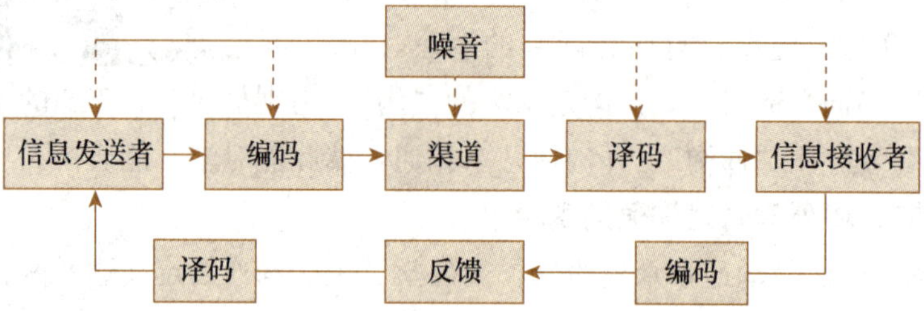

沟通具有八大要素，分别是：信息发送者、编码、渠道、译码、信息接收者、噪音、反馈、背景。

（一）编码与译码

编码是发送者将其要传递的信息与意义符号化，编成一定的文字等语言形式或其他形式。

译码则恰恰与之相反，是接受者在接收到信息后，将符号化的信息还原为信息与意义，并理解信息内容与意义的过程。

完美的沟通应该是：发送者发送的信息 1 经过编码与译码两个过程后，形成的信息 2 与信息 1 完全吻合。也就是说，编码与译码完全对称。对称的前提条件是双方拥有相同或类似的背景、经验，以及相同或类似的代码系统。如果双方对信息符号及信息内容缺乏共同背景、经验，或双方编、译的代码系统不一致，则在解读信息与正确理解其内在意义的过程当中必定会出现误差，容易造成沟通失误或失败。因此，发送者在编码过程中必须充分考虑到接收者的经验、背景，注重内容、符号对于接收者来说的可读性；而接收者在译码过程中也必须考虑到发送者的经验、背景，这样才能更准确地把握发送者意欲表达的真正意图，从而正确、全面地理解收到的信息的本来意义。

（二）渠道

沟通需要有渠道或通道。渠道是由发送者选择的、借由传递信息的媒介物。如口头交流时所采用的口头语言表达形式、发电子邮件时所依赖的互联网就是沟通渠道。有时，人们不用口头语言表达，而只通过四肢或者身体其他部位的一个小动作就能传达信息，这时身体语言就是沟通渠道。

显然，沟通渠道的选择对于实现成功沟通十分重要。不同的信息内容与不同的条件要求运用不同的渠道。例如，公司的战略决策就不宜采用口头形式而应采用书面正式文件作为渠道。有时，人们同时或先后使用两种或多种沟通渠道进行沟通。例如，先口头沟通，再书面跟进。由于各种沟通渠道都有其特点和利弊，因此，往往要因时、因地、因人制宜，根据当时、当地的具体情况来正确选择恰当的沟通渠道。

（三）噪音

噪音是指干扰沟通正常进行的任何因素。沟通的每一要素出现的干扰现象都会影响信息的传送效果。

（四）反馈

完整的沟通过程必定包括信息的成功传送与反馈。沟通过程若没有反馈，就容易出现沟通失误或失败。反馈是指接收者把收到并理解了的信息返送给发送者，以便发送者对接收者是否正确理解了信息进行核实。为了检验信息沟通的效果，即接收者是否正确、完美、及时地接收并理解了发送者所要传达的信息，反馈是必不可少和至关重要的。在没有得到反馈以前，信息发送者无法确认信息是否已经得到有效的编码、传递和译码。如果反馈显示，接收者接收并理解了信息的内容，这种反馈称为正反馈；反之，则称为负反馈。

（五）背景

沟通事实上总是在一定的背景中发生的。任何形式的沟通，都会受到各种环境因素的影响。在上级办公室与在公众场所，采用的沟通方式是存在重大区别的。沟通既是由沟通主体双方把握的，也是由背景环境共同制约的。对沟通过程产生影响的背景因素包括：心理背景——指沟通双方的情绪和态度。物理背景——指沟通发生的场所，会对人们的沟通造成巨大影响。如在一个五星级酒店里，人们会不自觉地改变或调整自己的沟通行为。社会背景——指沟通主体双方的社会角色关系，以及对沟通间接产生影响的其他个体或人群关系。对不同的社会角色，应该有不同的沟通方法与模式。如上级可以拍拍你的肩膀，但反过来则要慎重。文化背景——随着经济全球化，越来越多的公司由许多具有不同文化背景的人组成，文化冲突问题增多，文化背景的重要性不言而喻。如，崇尚个人主义的国家，沟通时要注意个人意见，有话直说，开门见山；奉行集体主义的国家，互动交流的意义远超过要达到的目的，注重人际互动。

三、沟通的形式

按照沟通所用的信息载体和传送渠道不同，可以将沟通分为语言沟通和非语言沟通两大沟通形式。

（一）语言沟通

语言是一定社会约定俗成的符号系统。人们以语言文字和语言声音为载体进行信息交流，传递思想、情感、观念和态度，达到沟通目的的过程，叫做语言沟通或言语沟通。现实中，我们用得最多的是语言沟通。语言沟通是人际沟通中最重要的一种形式，大多数的信息编码都是通过语言进行的。语言沟通又可分为口头语言沟通、书面语言沟通及电子数据语言沟通三大类。

1. 口头语言沟通

口头语言沟通是人们最常用的一种沟通形式。口头语言沟通可以直接、及时地交流信息、交换意见。这个过程取决于由“说”和“听”构成的语言沟通情境，说者在沟通过程中积极地对信息进行编码，然后输出信息；听者也要积极地思考说者提供的信息，进行信息译码，从而理解信息源所发送的信息，将它们储存起来并对信息源做出反应。

2. 书面语言沟通

在间接沟通过程中，书面语言用得比较多。书面语言沟通又可分为正式文件、备忘录、信件、公告、留言便条、内部期刊、规章制度、任命书等多种具体形式。书面语言沟通的好处是它不受时空条件的限制，有机会修正内容，并便于保留，所以不容易造成沟通失误，沟通的准确性和持久性都较高。同时，由于人们通过阅读接受信息的速度通常高于通过听讲接受信息的速度，因而在单位时间里的书面语言沟通效率会较高。但是，书面语言沟通往往缺乏信息提供者的背景资料，所以对目标靶的影响力不如口头语言沟通的高。

3. 电子数据语言沟通

在现代信息社会，电子数据语言沟通成为重要的语言沟通形式。所谓电子数据语言，是指将图表、图像、声音、文字等书面语言性质的信息通过电子信息技术转化为电子数据，从而进行信息传递的一种沟通方式。它的主要特点和优势是可以将大量信息以较低成本快速地进行远距离传送。按照电子数据采用的具体设施和工具、媒介不同，电子数据语言沟通又可细分为电话沟通、电视沟通、网络沟通、多媒体沟通等形式。

（二）非语言沟通

非语言沟通是指通过某些媒介而非语言文字来传递信息。非语言沟通与语言沟通在效果上是互相补充的。有人认为，在人所获得的信息总量中，语词只占7%，声音占38%，而来自身体语言，主要是面部语言的信息大约占55%。

非语言沟通形式主要包括身体语言沟通、副语言沟通和物体操纵或道具沟通三种。

1. 身体语言沟通

通过动态的目光、表情、手势等身体动作以及姿势、空间距离、衣着打扮等人体形式来传递信息的沟通形式。

2. 副语言沟通

通过非词语的声音，如重音、声调、停顿、语速、哭、笑等来传递信息的沟通形式。副语言在沟通过程中起着重要作用，它告诉我们在什么背景下什么人在对什么人说什么。例如，与一个小孩子或老人说话，应该是缓慢的、细心的；轻声小心地讲话，表示我们面前出现了一个地位高于我们的人。

【例】以下句子以不同的重音、停顿、语速来表达，会有什么样的效果？

（1）我没说他偷了我的钱。

（2）男人没有女人恐慌。

3. 物体操纵或道具沟通

通过物体的运用、环境布置等方式来传递信息的沟通形式。

【例】

（1）心理咨询室的每个房间都留有窗户，或在墙壁上设置一些假窗或类窗型灯箱，造成开阔的室外自然景观，满足咨询者对窗口的心理要求，减少封闭空间带来的压抑感；尽可能放一些盆栽，营造高雅、亲切、宜人的氛围；在咨询室的室内设计中，一般采用暖色（例如米黄色），使咨询室显得温馨、亲切，以使咨询者感觉放松、安全、平和、凉爽；咨询者和咨询老师的座椅之间有一定角度，避免与咨询老师面对面。这些都属于道具沟通。

(2) 李鸿章与伊藤博文。当年李鸿章代表清政府到日本与伊藤博文谈《马关条约》时，在谈判席上，伊藤博文设计的位子就非常巧妙：李鸿章坐的位子对面就是窗户，窗户外面是日本的下关海峡。海面上有9艘兵舰在那里一直冒烟，表示升火待发。伊藤博文的用意很明显：如果《马关条约》谈不成，这9艘兵舰就要从天津登陆打到北京。这就给李鸿章造成很大的压力。

虽然非语言符号在沟通中起着很大的作用，但是非语言符号在使用时具有较大的不确定性，它往往与沟通情境，与沟通者的身份、年龄、性别、地位以及所在的地区等有关。如某种相同的手势在特定情况下表达的意思不仅有所不同，而且有的大相径庭。所以，非语言符号在使用过程中一定要注意内容、气氛、条件等因素。一般情况下，非语言符号的使用总是与语言沟通交织在一起的。

此外，语言与非语言信息有时是冲突的，要想知道哪个信息是“真的”是很难的。一般来说，人们能够很好地掌握语言信息的内容，但对非语言信息的内容就很难掌握。例如，撒谎就可以通过非语言线索加以伪装。可见，要了解对社会敏感观点的潜在态度，应该重视分析非语言线索。

随着互联网的普及和信息技术的发展，电子邮件、短信、即时通信(包括QQ、微信等)成为人们沟通的新方式，3G可视电话则开启了沟通的新时代。这些新的沟通方式的优点在于方便、快捷，不受时空限制等；但缺点也很明显，即这些沟通方式因为不是面对面交流，沟通双方无法获得对方的说话语气、表情等非语言信号，可能导致沟通信息的失真，造成的结果很可能是非但没有达到解决问题的目的，反倒令矛盾激化。所以，沟通方式的增加以及新的沟通方式的迅速发展，并不代表应该放弃传统的沟通方式，多种选择应该是为更顺利的沟通服务的。这就要求人们在处理不同的事情时，要考虑用哪种沟通方式更有利于解决问题。只有正确地运用沟通方式，才能达到自己想要的效果。比如，在确定业务分工、职责权限、正式授权等重要事情时，切忌停留在口头表达上，而必须以文字明确记录下来。

四、沟通的重要性

管理学界有两个70%法则：第一个70%法则是指管理者实际上70%的时间是用在沟通上；第二个70%法则是指管理中70%的错误是由于不

善于沟通造成的。

美国著名学府普林斯顿大学对 10 000 份人事档案进行分析，结果发现："智慧""专业技术"和"经验"只占成功因素的 25%，其余 75%决定于良好的人际沟通。

前微软中国区总裁唐骏在一次访谈中，当被问及管理者最重要的工作时，只回答了两个字——"沟通"。

国际知名的美国未来学家约翰·奈斯比特说："未来竞争将是管理的竞争，竞争的焦点在于每个社会组织内部成员之间及其与外部组织的有效沟通。"

在现代社会，沟通不仅是人际交流的基础，而且是个人社会成功的基本前提。个人的事业成功在很大程度上受到社会环境的影响，只有在充分认识并利用环境特征的同时被特定环境所接受，个人才能充分展示自己的才华，实现自己的社会价值。与社会环境，特别是社会人文环境的相互接受在很大程度上取决于个人能否与环境或环境中的其他社会成员有效地沟通。

以上都说明人与人之间交往和沟通的必要性和重要性。

故事

《圣经·旧约》上说，人类的祖先最初讲的是同一种语言，日子过得非常好。后来，人们决定修建一座可以通天的巨塔。由于人们语言相通，沟通顺畅、准确，大家就心往一处想，劲朝一处使，高高的塔顶不久就冲入云霄。

上帝得知此事，又惊又怒，认为人们能建起这样的巨塔，日后还有什么办不成的事情呢？于是，上帝决定让人世间的语言变成好多种，各种语言里面又有很多种方言。这样一来，造塔的人言语不通，沟通经常出现误会、错误，巨塔就再也无法建成了。

沟通就像阳光和空气一样，是我们生命中不可缺少的元素。在现代社会，沟通是十分重要的。沟通不仅是一门艺术，还是一门科学。

第二节 沟通的基本原则

人是社会关系的总和。人总是生活在各种各样的社会关系中，如家庭关系、邻里关系、同事关系、同学关系、师生关系等，都是不可回避的。

亚里士多德说："一个人不跟别人打交道，他不是一个神就是一只兽。"生活中处处有沟通，沟通处处影响人们的生活。沟通并不是一种本能，而是一种能力。要想达成有效的沟通，就必须遵循一定的原则。只有坚持这些原则，沟通才能及时、准确、有效。

一、诚信

诚信是交往的第一原则。真诚沟通，指的是沟通时要真心实意、态度诚恳、不虚伪做作。诚信是一种崇高的道德情怀，是为人处世的根本，是与人沟通的先决条件。

故事

1903 年，陈嘉庚父亲经营的事业破产，欠下 30 多万元的债务，产业、房屋抵偿后，还有 10 万元无力偿还。陈嘉庚先生毅然承诺，由自己偿还父亲的债务。可是，新加坡的法律规定"父债子免还"，但以信誉为重的陈嘉庚立志还清欠款。当时有人说他"傻"，但他说："中国人取信于世界，决不能把脸丢在外国人面前！"经过 4 年的努力，他终于筹齐钱款，找到当年的债主，替他父亲还清了欠下的债务。陈嘉庚重义轻财、替父还债，在华侨界树立了信守诺言、言信行果、诚信果毅的良好形象，奠定了他一生事业成功的基础。

二、善意

善意就是不批评、不责备、不抱怨。卡耐基曾说："当一个人受到批评、责备时，是一个危险时刻。"卡耐基的 30 条人际关系沟通原则中，第一条就是：不批评、不责备、不抱怨。抱怨会让我们陷入一种负面的生活、工作态度中，常常在他人身上找缺点，包括最亲密的人。如果说了不该说的话，往往要花费极大的代价来弥补，正所谓"病从口入，祸从口出"，甚至还可能造成无可弥补的终生遗憾。所以，沟通时不能够信口雌黄、口无遮拦。尤其是批评、责备、抱怨、攻击，这些都是沟通的"刽子手"，只会使事情恶化。下棋讲余味，做人要宽容，要给双方都留有余地。

故事

美国前总统林肯年轻时，喜欢评论是非，还经常写信、写诗讽刺别人。有一次，他又写了一封匿名信讽刺当地的政客。当事人十分气愤，要求与之决斗，要不是在最后一刻有人出来圆场，美国历史上可就少了一位重量级的人物。

林肯后来谨记教训，终其一生。他把这句话当座右铭："你不论断他人，他人就不会论断你。"

三、宽容

宽容是沟通的桥梁。心理学家指出：适度的宽容，对于改善人际关系和身心健康都是有益的；不会宽容别人，亦会殃及自身，过于苛求别人或苛求自己的人，必定处于紧张的心理状态之中。宽容地对待对手，在非原则的问题上，以大局为重，会得到退一步海阔天空、化干戈为玉帛的喜悦。

故事

清代康熙年间，大学士张英的家人准备修一座后花园，希望花园外留一条三尺之巷。可邻居是一名员外，他说那是他的地盘，坚决反对修巷。张英的家人立即修书京城，但看到张英的回信后却放弃了原计划。员外颇感意外，执意要看回信。原来张英写的是一首诗：

一纸书来只为墙，让他三尺又何妨。

长城万里今犹在，不见当年秦始皇。

员外深受感动，主动让地三尺，最后三尺之巷变成了六尺之巷。

四、尊重

只有给予对方尊重才能实现有效沟通；若对方不尊重你，也要适当争取到对方的尊重，否则很难沟通。你怎样对待别人，别人就会怎样对待你。人是三分理智、七分感情的动物。士为知己者死，一个行为孕育下一个行为。你对我友善，我对你也友善；如果你不友好，我也不可能友好地对待你——这就是心理学的互惠关系定律。

故事

一个过路人到加油站问路，并打探前边镇子的人怎样。加油站职员反问他："你从前住的镇子怎样？"过路人回答："糟透了。"职员于是说："我们这个镇子的人也一样。"随后，第二个人驾车来到这里，并问了相同的问题，加油站职员也反问了他，当驾车人回答说他们原来镇子的人很友好后，职员说："我们这个镇子的人也一样。"

五、赞赏

美国实用主义哲学家威廉·詹姆斯说："人类本质中最殷切的需求是渴望被肯定。"不懂得欣赏别人，较少合作、较多算计，结果大家谁也不开心。博弈论中著名的"囚徒困境"推论告诉我们，在多数情况下，合作比背叛好，做得好的关键不在于征服对方，而在于引导合作。

无数的事实证明，及时回报他人的善意且不嫉妒他人的成功，这不仅会赢得必要而有力的支持，而且可以避免陷入不必要的麻烦。嫉妒别人不仅难以使自己见贤思齐、虚心向善，而且会影响自己的心情和外在形象；更重要的是，这会使自己失去盟友和潜在的机遇，甚至还会树立强敌，因为一般来说，被别人嫉妒的人应该不会是弱者，你若心怀妒忌，他也不会对你太客气。

六、关心

美国著名教育专家内尔·诺丁斯博士撰写过一本书——《学会关心：教育的另一种模式》，这本书的主题是"关心"。作者在引言中说："关心和被关心是人类的基本需要。"关心，是一种问候与帮助别人的表达方式，是一种发自内心的真挚情感。沟通上说的关心就是关注他人的状况、关注他人的需求、关注他人的痛苦。学会了关心就等于学会了做人，学会了社会生存法则，沟通就会顺畅。

故事

在美国IT界，当员工工作到晚上时，老板会派按摩师来帮他们按摩。而且知道学理工的人通常不爱讲话，人与人之间感情比较淡漠，所以公司允许员工在办公室摆上自己的玩具，允许员工在办公室里铺上地毯、穿上拖鞋，允许员工在地下室里以合适的方式尽情地发泄。

七、理性

人在失去理性时常常口不择言，既理不清也讲不明，只会争执，不会有结果，更不可能有好结果，所以这种沟通无济于事。如果在冲动时做出情绪性的“决定”，很容易让事情不可挽回，令人后悔莫及。

八、礼仪

礼仪是沟通过程中待人接物的行为规范。一个人能否与他人进行有效沟通，与他处理人际关系和人际交往的能力、仪表风度、待人接物的礼仪等方面给人的某一侧面或整体印象有很大关系。如果一个人衣着得体、言谈举止谦恭有礼，就能够给人留下积极而美好的第一印象。在沟通中给予对方良好的第一印象能够产生移情作用，赢得周围人的尊重，有利于沟通目标的实现。相反，不礼貌的语言和举止会使沟通无法进行下去，更不要谈达到沟通的目标了。

故事

古代有一个“以礼问路”的故事，说的是有位从开封到苏州去做生意的人，在去苏州的路上迷失了方向，在三岔路口犹豫不决。忽然，他看见附近水塘旁边有一位放牛的老人，就急忙跑过去问路：“喂，老头！从这里到苏州走哪一条路对呀？还有多少路程呀？”老人抬头见问路的是一位三十多岁的人，因为他没有礼貌，心里很是反感，就说：“走中间的那条路对，到苏州还有六七千丈远的路程。”那人听了奇怪地问：“哎！老头，你们这个地方走路怎么论‘丈’而不论‘里’呀？”老人说：“这地方一向都是讲礼（里）的，自从这里来了不讲礼（里）的人以后，就不再讲礼（里）了！”

延 伸

有效沟通的“7C 原则”

美国著名的公共关系专家卡特里普和森特在他们合著的被誉为“公关圣经”的著作《有效的公共关系》中提出了有效沟通的“7C 原则”。

1. Credibility：可信赖性，即建立对传播者的信赖。

2. Context：一致性（又译为情境架构），指传播须与环境（物质的、社会的、心理的、时间的环境等）相协调。

3. Content：内容的可接受性，指传播内容须与受众有关，必须能引起他们的兴趣，满足他们的需要。

4. Clarity：表达的明确性，指信息的组织形式应该简洁明了，易于被公众接受。

5. Channels：渠道的多样性，指应该有针对性地运用传播媒介以达到向目标公众传播信息的作用。

6. Continuity and consistency：持续性与连贯性，指沟通是一个没有终点的过程，要达到渗透的目的，必须对信息进行重复，但又须在重复中不断补充新的内容，这一过程应该持续地进行下去。

7. Capability of audience：受众能力的差异性，指沟通必须考虑沟通对象能力的差异（包括注意能力、理解能力、接受能力和行为能力），采取不同方法实施传播才能使传播易为受众理解和接受。

上述“7C 原则”基本涵盖了沟通的主要环节，涉及传播学中控制分析、内容分析、媒介分析、受众分析、效果分析、反馈分析等主要内容，极具价值。这些有效沟通的基本原则，对人际沟通来说同样具有不可忽视的指导意义。

第四章 促成有效的沟通

沟通是人际交流的重要工具。实际上，工作中所面临的最大挑战是如何与人沟通以及沟通的效果如何。一个人即使具备丰富的专业知识和较强的管理技能，如果缺乏沟通能力，也会给自己带来许多意想不到的困难，是很难取得成功的。

从沟通结果上讲，存在有效沟通与无效沟通两种。我们每天都在沟通，但很多人几乎是有“沟”没有“通”。所谓有效沟通，就是成功的沟通，通过有效沟通与交流可以达到一种和谐、一种境界。单位要通过沟通与交流看到员工在不断地变化和成长，员工要通过沟通与交流看到单位的美好未来，二者要通过有效沟通与交流产生一种思想共鸣，形成一种共同的愿景。因此，有效沟通是正确决策的前提和基础，是统一思想和行动的工具，是建立良好人际关系的关键。

本章从“听”“说”“动”几个环节探讨有效沟通的技巧。

第一节　人际沟通的语言技巧

一、有效倾听

美国心理学家斯坦纳说：“在哪里说得越少，在哪里听得就越多。”倾听可能是人际沟通中最被低估的部分，但实际上，倾听是克敌制胜的法宝，倾听别人说话可以说是有效沟通的第一个技巧。成功的管理者，通常也都是最佳的倾听者。

“听”的繁体是“聽”，反映出倾听的真谛——一个“耳”字：听自然要用耳朵听；一个“心”字：一心一意，很专心地去听；“罒”像横过来的“目”，代表眼睛，倾听时眼睛要看着对方；“耳”下方还有个“王”

字，要把说话的人当成王者对待。

因此，倾听不仅是耳朵听到声音的过程，而且是一种情感活动，需要通过面部表情、肢体语言和话语的回应，向对方传递一种信息：我很想听你说话，我尊重、关注你。

故事

曾经有个小国的使者来到中国，进贡了三个一模一样的金人，把皇帝高兴坏了。可是这个小国的使者同时出了一道题目：这三个金人哪个最有价值？皇帝想了许多办法，请来珠宝匠检查，称重量，看做工，都是一模一样的。怎么办？使者还等着回去汇报呢。泱泱大国，不会连这个题目都答不出吧？最后，有一位已退休的大臣说他有办法。皇帝将使者请到大殿，大臣胸有成竹地拿着三根稻草，依次插入三个金人的耳朵，插入第一个金人的稻草从另一边的耳朵里出来了，插入第二个金人的稻草从嘴巴里直接掉出来，而插入第三个金人的稻草进去后掉进了肚子，什么响动也没有。大臣说："第三个金人最有价值！"答案正确，使者哑口无言。

最有价值的人，不一定是最能说的人。倾听，是增长智慧的第一步，有智慧的人都是先听再说。老天给我们两只耳朵、一个嘴巴，本来就是让我们多听少说的。医学研究表明：婴儿的耳朵在出生前就发挥功用了。善于倾听，才是成熟的人最基本的素质。当你能够心领神会的时候，沉默便胜过千言万语。试想：面对一个在你面前滔滔不绝的"演讲者"，你没有任何插话的机会，这样的人你会喜欢他吗？当你的交谈对象一直善于倾听你的观点，而且时不时与你做些交流互动，这样的人你不觉得他是个好伙伴吗？

（一）倾听的好处

倾听对管理者至关重要。当员工明白自己谈话的对象是一个倾听者而不是一个等着做出判断的管理者时，他们会真诚地给出建议，分享情感。这样，管理者和员工之间便可创造性地解决问题，而不是互相推诿、指责。

1. 获得信息

倾听有利于了解和掌握更多的信息。在对方说话的过程中，你不时地点点头，表示你非常注意、认同他的讲话内容，可以使他受到鼓舞、满足自尊心、减轻压力，使他在一种从容中得到说下去的动力。如果对方觉得自己的话有价值，也就会更充分、更完整地表达他的想法，这正是沟通所要达到的效果。同时，通过倾听对方的讲话，还可以推断对方的性格、工作经验、工作态度，从而在以后的工作中有针对性地进行沟通。

故事

销售部的小郭近来工作业绩不理想，常常迟到、请假。销售部的肖经理找小郭谈话："小郭，最近工作怎么样？"小郭避开经理的眼睛，低下头说："还可以。""真的吗？"肖经理继续问，"怎么近来总迟到？上个月的销售额也完成得不好啊。"小郭看了一眼经理，说："唉，我这个月努力吧！""有没有什么问题？"肖经理想知道原因。"没什么……"小郭欲言又止。肖经理鼓励道："有什么困难就讲出来，千万别憋在心里面。"小郭又看了一眼经理，说："上个月……"小郭讲了十几分钟，肖经理终于明白了小郭的心事。

多听对方的意见有助于发现对方不愿意表露的或者没有意识到的关键问题。从中发现对方的出发点和弱点，找出关键点，这样就为你说服对方提供了契机。

2. 建立信任

心理学研究显示：人们喜欢善听者甚于善说者。实际上，人们都非常喜欢发表自己的意见。所以，如果你愿意给他们一个机会，让他们尽情地说出自己想说的话，他们会立即觉得你和蔼可亲、值得信赖。许多人不能给人留下良好的印象，不是因为他们表达得不够，而是由于倾听得不足。

故事

美国的一家大公司有一位销售经理，他对该行业的特点一窍不通。当推销员需要他的忠告时，他却不能告诉他们什么——因为他什么都不懂。但尽管如此，这个人却懂得如何去倾听。因此，不论别人问他什么，他总是回答："你认为该怎么做？"推销员就会提出建议，他点头同意。最后，推销员总是能够满意地离去，心里还想着：这位经理真是了不起！

3. 化解冲突

倾听是化解冲突、处理抱怨的最佳方法之一。

日常生活中发生了冲突，如果不分青红皂白，针锋相对，只能使矛盾激化。只要用心来思考对方的理由，用心来检讨自己的失误，就能在彼此理解的基础上化解矛盾。

故事

巴顿将军为了显示对部下生活的关心，有一次突然检查士兵食堂。

在食堂里，他看见两个士兵站在一个大汤锅前。

“让我尝尝这汤!”巴顿将军向士兵命令道。

“可是，将军……”士兵正准备解释。

“没什么‘可是’，给我勺子!”巴顿将军拿过勺子喝完一大口，怒斥道：“太不像话了，怎么能给战士喝这个？这简直就是刷锅水!”

“报告将军，我正想告诉您，这就是刷锅水。”士兵答道。

4. 促进沟通

倾听架起沟通的桥梁，倾听是一种非常重要的沟通技巧。倾听需要时间与耐心。沟通本身就是一个需要时间的过程，也是一个需要耐心的过程。在与人沟通的过程中，耐心倾听，让事情更加具体化，能减少很多的不愉快；耐心倾听，更能促进人与人之间的和谐沟通。所以，倾听是沟通的基础，倾听能拉近距离，沟通能促进和谐。

故事

某位名人来向美国汽车推销之王乔·吉拉德买车。吉拉德推荐了一种最好的车型给他。名人对车很满意，眼看就要成交了，对方却突然变卦了。乔·吉拉德为此事懊恼了一下午，百思不得其解。到了晚上11点，他忍不住打电话给那人：“您好！我是乔·吉拉德，今天下午我曾经向您介绍一款新车，眼看您就要买下，却突然走了。这是为什么呢?”

“你真的想知道吗?”

“是的!”

“实话实说吧，小伙子，今天下午你根本没有用心听我说话。就在签字之前，我提到我的儿子吉米即将进入大学读医科，我还提到他的学科成绩、运动能力以及他将来的抱负，我以他为荣，但是你毫无反应。”

同学们，你们知道乔·吉拉德失败的原因是什么了吗?

（二）倾听的原则

倾听是沟通的开始，倾听是一门艺术，也是一种修养、一种品德。掌握倾听的原则，可以让人获得智慧和尊重，赢得真情和信任。

1. 耐心

耐心地倾听确实不是一件容易的事情。因为我们许多人在社会生活中愿意“说”而不愿意“听”，习惯“说”而不习惯“听”，人们“听话”的能力往往比“说话”的能力要差。此外，真正的倾听是一件相当耗精力的事，需要全神贯注，不能分心走神。同时，由于信息传递中“噪音”的影响，有可能导致错听、错解。

国际知名的听力专家尼克尔斯把倾听看成一门“失去的艺术”，他认为这要部分归因于现代时间的压力，它分散了我们的注意力，减弱了我们在生活中进行倾听的质量。倾听的缺乏破坏了人与人之间的关系，导致人际间的冲突，使我们有一种失落感。尼克尔斯观察到，在某种关系中，当人们需要别人能够倾听自己，却发现别人没有倾听时，失落感最为严重。所以，要实现有效的沟通，在实践中要养成良好的“听”的态度和习惯。

2. 用心

听者不仅要听懂对方通过言语、行为所表达出来的东西，还要听出弦外之音，听出交谈中所省略的和没有表达出来的内容。正确的倾听要求听者有机警和通情达理的态度，细心地注意说者的所言所行，注意对方如何表达自己的问题，以及对所遇到问题作出何种反应，还要注意对方在叙述时的犹豫、停顿、语调变化及伴随言语出现的各种表情、姿势、动作等，从而对言语做出更完整的判断。

3. 关心

要带着真正的兴趣去听对方在说什么，要始终同对方保持目光接触，学会用眼睛去“听”，并且适当地点头示意，表示认同和鼓励。耳朵倾听的是一些信息，而眼睛看到的却是传达给你的丰富的情感和思想。通常情况下，对方是根据我们是否看着他来做出我们是否在认真倾听的判断。如果在对方说话时我们的眼睛盯着别处，对方就会认为我们对他说的内容不感兴趣，从而打击他讲话的积极性。

4. 专心

只有专心听取别人的意见，才能更好表达自己的想法。在管理中，上司经常犯这样的错误：在下属还没有来得及讲完自己的话时，就按照自己的经验大加评论和指挥。打断下属的讲话，一方面容易做出片面的决策，另一方面使员工缺乏被尊重的感觉。时间久了，下属将再也没有兴趣向上级反馈真实的信息了。反馈信息系统被切断，领导就成了“孤家寡人”，在决策上就会盲目。与下属保持畅通的信息交流，将会使领导的管理如鱼得水，及时纠正管理中的错误，制定更加切实可行的方案和制度。

故事

美国知名主持人林克莱特访问一名小朋友，问道："你长大后想要做什么呀？"小朋友天真地回答："我要当飞机的驾驶员！"林克莱特接着问："如果有一天，你的飞机飞到太平洋上空，所有引擎都熄火了，你会怎么办？"小朋友想了想说："我会先告诉坐在飞机上的人系好安全带，然后我挂上降落伞跳出去。"当现场的观众笑得东倒西歪时，林克莱特继续注视着孩子，想看他是不是自作聪明的家伙。接着，孩子的两行热泪夺眶而出，林克莱特发觉这孩子的悲悯之情远非笔墨所能形容。于是林克莱特问他："为什么要这么做？"小朋友的答案透露出一个孩子真挚的情感："我要去拿燃料，我还要回来！"

5. 同理心

倾听的最高层次就是同理心倾听。同理心是指一个人设身处地地为对方着想，理解对方的情绪，感同身受地体会他人的处境及感受。通俗地说，就是换位思考，将心比心，站在对方的立场上思考问题，从而赢得对方的好感。人是复杂的，社会中的事是多变的。"横看成岭侧成峰，远近高低各不同"，每个人对人或事的看法、评价常常因自己的生活习惯、人生经历、所处位置的不同以及当时心境和思维方式的不同而不同。如果总是习惯从自己的角度出发，用自己的观点去判断生活中的对与错、是与非，常常会得到片面的甚至是错误的结论。当人们能用同理心去倾听别人说话时，自然可以给对方提供心理上的极大满足，也便于自己集中精力去解决问题或发挥影响力、领导力。

故事

有一个穷人，为了招待他的外国友人，兴致勃勃地卖力打扫自己的房子。正当他很认真地扫地时，一个不小心，将唯一的一个扫把弄断了。穷人愣了一秒钟，马上反应过来，跌坐在地上，号啕大哭起来。他的几个外国朋友这时正好赶到，见到穷人望着断掉的扫把痛哭不已，便纷纷上前来安慰他。经济强盛的日本人道："一个扫把又值不了多少钱，再去买一把不就行了！何必哭得如此伤心呢？"知法守法的美国人道："我建议你到法院去，控告制造这个劣质扫把的厂商，请求赔偿。反正官司打输了，也不用你付钱啊！"浪漫的法国人道："你能把这个扫把弄断，证明你强壮有力，我连羡慕都还来不及呢，你有什么好哭的啊？"实事求是的德国人道："不用担心，大家一起来研究看看，一定有办法可以将扫把黏合得像新的一样好用，我们一定可以找到方法的！"可怜的穷人哭着道："你们所说的这些，都不是我要哭的原因。真正的重点是，我明天要去排队才可以买到一个新的扫把，这样就不能搭你们的车一起出去玩了。"

从这个故事中，我们可以清楚地看到，缺乏同理心的人际互动，将会产生什么样荒谬可笑的结果。每个人都有着自己既定的立场，也因此而习惯于执著在本身的领域当中，忘却了别人也和自己一样，有着自身固执的一面。所以，在做任何事之前，试着先将自己的想法放下，真正设身处地站到对方的立场，仔细地为别人想一想，你将会发现，许多事情的沟通竟会变得出乎意料的容易。

故事

汤姆是一个贫穷人家的孩子，家里有六个兄弟；安迪则是一位家境富裕的医生的孩子。

心理学家让两个孩子看一幅图画，画里是一个小兔子坐在餐桌旁边哭，兔子妈妈则板着面孔，站在一旁。心理学家让他们把画中的意思说出来。汤姆立刻说："小兔子之所以在哭，是因为它没吃饱，还想要东西吃，但是家里的东西已经没有了，而兔子妈妈也觉得很难过。""不是这样的，"安迪说，"它不是因为没吃饱在哭，而是因为它已经不想再吃东西了，但它妈妈强迫它非吃不可。"

汤姆和安迪为什么会有截然相反的解释呢？

故事

有个超级富豪，年轻的时候却是个一无所有的流浪汉，一天他随着淘金大军来到了西部的一个偏僻小镇，得到了镇长的热情接待。

当时正是春雨绵绵的时候，镇长门前的大路一片泥泞。路过的人们为了图方便，都从镇长门前的花圃穿过，花圃里的花草被踩得乱七八糟。年轻的流浪汉非常生气，正要上前去劝阻人们别走花圃，这时候只见镇长挑了一担煤渣过来，马上就把泥泞不堪的路铺好了。

于是，人们都自觉地从干净、方便的大路上行走，没人再从花圃绕行了。镇长拍了拍他的肩膀，意味深长地说道："看到了吧，年轻人，关照别人就是关照自己啊!"

年轻的流浪汉顿然醒悟，他铭记着镇长的话，凡事多从他人的角度考虑，终于成为一代石油大王。这个流浪汉，就是伟大的洛克菲勒。

故事

圣诞节到了，一位母亲带着5岁的儿子去买礼物。大街上回荡着圣诞赞歌，橱窗里装饰着彩灯，可爱的小精灵载歌载舞，商店里各式各样的玩具应有尽有。

"来，宝宝，看，多漂亮的圣诞夜景啊!"母亲对儿子说道，然而儿子却紧拽着她的衣角，呜呜地哭出声来。

"怎么了？宝贝，要是总哭个没完，圣诞老人可就不到咱们这儿来啦!"

"我……我的鞋带开了……"

母亲不得不蹲下身来，为儿子系好鞋带。母亲无意中抬起头，啊，怎么什么都没有？——没有绚丽的彩灯，没有迷人的橱窗，没有圣诞礼物，也没有装饰华丽的餐桌……原来这些东西都太高了，孩子什么也看不见。出现在孩子视野里的只是一双双鞋和妇人们低低的裙摆，在街上互相摩擦、碰撞、摇曳……

这位母亲第一次从5岁儿子的高度观察世界，她感到非常震惊，立刻起身把儿子抱了起来……从此，这位母亲牢记，再也不要把自己以为的"快乐"强加给儿子。"站在孩子的立场上看待问题"——母亲通过亲身体会认识到了这一点。

其实，不仅一位好母亲需要站在孩子的立场上看待问题，每个人都需要站在他人的角度看问题。只有换位思考、将心比心，才能够真正了解他人的所思所想。

（三）倾听的技巧

1. 鼓励对方先开口

鼓励对方先开口，会让说话的人觉得被尊重，有助于双方建立和谐、融洽的关系，彼此接纳；可以降低谈话中的竞争意味，培养融洽的气氛，有助于彼此交换意见，让对方可以专心掌握重点，不必忙着为自己的矛盾之处寻找遁词；可以使对方更加愿意接纳你的意见，让你更容易说服对方。

2. 营造轻松、舒适的氛围

在紧张、拘束的沟通气氛中，谁都不愿意把自己的真实想法说出来，也就自然谈不上倾听。倾听需要营造一个轻松、舒适的环境，这样，说话者才能放松心情，把内心的真实想法、困扰、烦恼等毫无顾虑地说出来。在与人交谈时，要尽可能地消除干扰，把注意力完全放在对方的身上，掌握对方的肢体语言，明白对方说了什么、没说什么，以及对方的话的真正含义。在交谈过程中，可能会涉及一些与自身利益有关的问题，或者谈到一些能引起共鸣的话题。这时要切记，对方才是交谈的主角，即使你有不同观点或很强烈的情绪体验，也不要马上表达出来，更不要与对方发生争执，否则很可能会引入很多无关的细节，从而冲淡交谈的真正主题或导致交谈中断。

3. 善于引导对方

在交谈过程中，可以说一些简短的鼓励性的话语，如“哦”“嗯”“我明白了”等，以向对方表示我们正在专注地听他说话，并鼓励他继续说下去。当谈话出现冷场时，也可以通过适当的提问引导对方说下去。例如，“你对此有什么感觉?”“后来又发生了什么?”等。

4. 反应式倾听

要及时给对方以回应，表达感受。比如：“非常好，我也是这样认为的。”这是一种很重要的沟通技巧。及时作出反应可以让对方知道我们一直在听他说话，而且听懂了他所说的话。但是反应式倾听不是像鹦鹉一样，对方说什么你就说什么，而是应该用自己的话，简要地述说对方讲话的重点。比如：“你说你住的房子在海边？我想那里的夕阳一定很美。”

5. 给予对方真诚的赞美

对于对方说出的精辟见解、有意义的陈述或有价值的信息，要及时予以真诚的赞美。例如：“你说的这个故事真棒”“你这个想法真好”“你的想法真有见地”等。尊重说话者的观点，可以让对方了解，我们一直在听，虽然我们不一定同意你的观点，但我们还是很尊重你的想法。这种良好的回应能够帮助对方建立自信，可以有效地激发对方的谈话兴致，也容易使对方接受别人不同的意见。

6. 适时提出问题

经常打断别人说话表示不善于听人说话，个性激进，很难和人沟通。虽然打断别人的话是一种不礼貌的行为，但“乒乓效应”则是例外。所谓“乒乓效应”，是指听人说话的一方要适时地提出切中要点的问题或发表一些意见、感想来响应对方。此外，一旦听漏了一些地方，或者是不懂的时候，要在对方的话暂时告一段落时，迅速地提出疑问，以确认理解无误，达成一致。

7. 使用并观察肢体语言

听者如果态度冷淡，说者很自然地就会特别在意自己的一举一动，可能会不愿意敞开心扉。如果听者态度开放、很感兴趣，那就表示他愿意接纳对方，很想了解对方的想法，说者就会受到鼓舞。激发对方谈兴的肢体语言主要包括：自然微笑，不要双臂交叉抱于前胸，不要把手放在脸上，身体略微前倾，时常看对方的眼睛，微微点头等。

8. 听取关键词，适度回顾总结

所谓关键词，指的是描绘具体事实的字眼，这些字眼透露出某些讯息，同时显示出对方的兴趣和情绪。倾听别人讲话时，可以利用几秒钟的时间在心里回顾一下对方的谈话内容，分析总结出其中的重点。透过关键词，可以看出对方喜欢的话题，以及说话者的信任。在倾听过程中，只有删除那些无关紧要的细节，把注意力集中在对方说话内容的重点上，并且在心中牢记这些重点，才能在适当的时机给予对方清晰的反馈，以确认自己所理解的意思和对方一致。在自己提出来的问题或感想中，加入对方所说过的关键内容，对方就可以感觉到你对他所说的话很感兴趣或者很关心。

二、谈吐不凡

如前所述，在沟通的各种形式中，口头语言沟通是最重要、最常用的一种沟通形式。烛之武退秦师，靠的是口才；春秋时的毛遂自荐使楚，迫使楚王歃血为盟，靠的是口才；晏子游说秦国时，让耻笑他个矮的文武百官蒙羞，靠的也是口才。有的人善于用说话来表达情意，一席话就使人心情舒畅；有的人不善于以语言来表达，一讲话就使人误解。俗话说“良言一句三冬暖，恶语伤人六月寒”。所以，拥有好的口才，在沟通中谈吐不凡，必然左右逢源、游刃有余。

（一）积累知识，锻炼口才

学富五车，满腹经纶，掌握驾驭语言的能力，谈起话来自然滔滔不绝，灼见迭出。好口才并不是天生就具有的，而是经过后天的刻苦训练才能得来的。通过努力，可以提升自己的沟通水平，促成未来更大的成功。

故事

美国前总统林肯，第一次在公众面前说话，满脸通红，嗓音都变了。后来，他决心下苦功训练：走在乡村路上，见到树桩、田地，就对着它们演讲；手势怎么做，面部表情应该什么样，也不断地在学。林肯为了练口才，有一次徒步 30 英里，到一个法院去听律师们的辩护，看他们如何辩论，如何做手势。他一边倾听，一边模仿。经过长期苦练，林肯终于成为世界知名的演说家、雄辩家、交谈家。林肯在葛底斯堡的演说，总共才三分钟十句话，竟使 1 500 人落下了眼泪，现在已经铸成经文，放在英国的牛津大学里，作为英文演说的典范。

以下介绍几个锻炼口才的方法：

（1）速读法。速读即快速的朗读。每天大声朗读喜欢的小故事、笑话或者最熟悉的专业知识，吐字清晰，速度逐渐加快，长期坚持，可练就好口才。

（2）背诵法。背诵不仅能锻炼记忆能力、反应能力、思维能力，而且能提高综合素质，背诵、记忆的东西多了，也不用担心“肚里没货”了。

（3）模仿法。找个口语表达能力很强的人作为模仿的对象，然后请他讲几段精彩的话，把它录下来进行模仿；也可以找喜欢的主持人、播音员，把他们精彩的沟通过程录下来进行模仿。

（4）故事法。讲故事，是喜闻乐见的一种锻炼口才的方法。要想讲好故事，应做到：熟练把握角色，善于演绎，不照本宣科，要引人入胜，要用生动的语言、丰富的表情、扣人心弦的节奏变化令故事活灵活现。所以，讲好故事本身也要具有沟通能力。

（二）口齿清晰，表达准确

要做到口齿清晰，很重要的一点是要打破乡音交流的障碍。因为各地错综复杂的方言的影响，使人与人之间的正常交流产生了一些困难。因此，人们在进行语言交流的过程中，乡音太重、口齿不清、语意不明、认知差异等因素，都可能造成语言交流的障碍，甚至造成误解、冲突或闹出笑话。

故事

前广州市长黎子流先生，在一次人大报告中，就因为乡音的问题，造成了极大的误解和不良影响。当时，他在讲话中说了这样一句话："自觉接受人大监督"。但是，由于口音的问题，被人误听为"拒绝接受人大监督"。此言一出，全场哗然，最后甚至惊动了中央。

【技能训练】 朗读下列文字：

(1) 朱家一株竹，竹笋初长出，朱叔处处锄，锄出笋来煮，锄完不再出，朱叔没笋煮，竹株又干枯。

(2) 刚往窗上糊字纸，你就隔着窗户撕字纸，一次撕下横字纸，一次撕下竖字纸，横竖两次撕了四十四张湿字纸。是字纸你就撕字纸，不是字纸你就不要胡乱地撕一地纸。

(3) 山前有四十四棵死涩柿子树，山后有四十四只石狮子，山前的四十四棵死涩柿子树，涩死了山后的四十四只石狮子，山后的四十四只石狮子，咬死了山前的四十四棵死涩柿子树，不知是山前的四十四棵死涩柿子树涩死了山后的四十四只石狮子，还是山后的四十四只石狮子咬死了山前的四十四棵死涩柿子树。

(三) 讲究说话艺术，谈吐不凡

大多数人都愿意与谈吐不凡的人交往。因为与熟练掌握说话艺术的人交谈，简直就是一种享受。娓娓道来的声音就像音乐一样，钻进我们的耳朵，打动我们的心灵，或让人精神振奋，或给人以安慰。

荀子说："言语之美，穆穆皇皇。"穆者，意为形式美，它可以通过语言表达能力的本身达到；皇者，意为内容美，必须通过说话者的真情流露来达到。意思是说，能达成有效沟通的语言是美好的语言，因为只有这样的语言才能光芒四射。所以，要达成有效的沟通，不仅要有好的口才，还必须具有相应的内秀品质和高超的语言艺术。仅有"口若悬河"是不够的，还要做到"妙语连珠"，才能令人身心快乐。

无论在什么场合，如果你能够表达清晰、中肯、简练，再加上抑扬顿挫的语调，就能够吸引听众、打动别人，赢得他人的尊重。如果你善于辞令，再加上周到的礼节、优雅的举止，在任何场合，你都会畅通无阻、备受欢迎。

故事

周恩来总理以谈吐不凡的个人魅力闻名于世。在一次招待会上，一位西方女记者对着话筒匆匆问道：“周恩来先生，可不可以问您一个私人问题？”“可以的。”周恩来微笑着回答。“您已经60多岁了，为什么依然神采奕奕，记忆非凡，显得这样年轻、英俊？”周恩来温和地笑了笑，待场内安静下来，才声音洪亮地坦然回答：“因为我是按照东方人的生活习惯生活，所以我至今都很健康！”翻译流利地译出周恩来的话，整个大厅里响起了经久不息的掌声和喝彩声，各国记者无不为周恩来的巧妙回答所折服。

故事

美国独立战争期间，全国上下都在征兵，当时村子里的年轻人基本上都被征走了，剩下的多是年老的或是不愿意去的人。这个时候，村子里张贴了一张宣传海报。海报上说：上战场没有那么可怕，去当兵无非就两种可能：受伤或不受伤。不受伤不用说了，就是受伤了也无非有两种可能：轻伤和重伤。受轻伤不用说了，重伤无非两种可能：可以治疗和不可治疗。可以治疗不用说了，不可治疗就是死亡。既然已经死了，还有什么可怕的？结果村里人报名参军的人数激增。可见，语言的组织是很重要的。

有人把说话的艺术归纳为“4W”。

1. Why：为什么

印度古代哲学家白德巴说：“能管住自己的舌头是最好的美德。”讲话首先要注意，为什么要讲这些话、讲了有没有效果、是否会产生反效果，如果会产生反效果，那就别讲了。

2. When：何时

什么时间讲什么话。与人沟通不要一次把所有的内容全部讲完，要像精彩的电视剧一样，到高潮之处戛然而止，留下更多遐想给观众，令人期待下次的精彩演绎。与人沟通，要学会留下伏笔，让对方认为你是一个知识丰富的人，被你深深吸引。

3. Where：何地

俗话说：“到什么山唱什么歌，见什么人说什么话”“见人说人话，见鬼说鬼话，见不人不鬼说胡话”。意思是说讲话之前要估量听众水平，“见人说人话”需要艺术，讲究一点艺术就不会伤人了；“见鬼说鬼话”需要技术，采用一点技术就不会被“鬼”咬伤了；“见不人不鬼说胡话”需要揣着明白装糊涂，稍不注意就可能被别人“忽悠”了。

4. Who：谁在讲话，谁在听

讲话时你一定要认清自己是什么角色，是什么身份，在对谁讲话——是对上司、对同事还是对下属讲话，对同性还是对异性讲话。要记住，在讲话时千万不要侵犯别人的隐私，要保持一定的人际距离。

在讲话之前要了解在场的是什么人，这也是非常重要的，只有这样才不至于发生说错话的尴尬场面。如果见到农民，就说如何种植稻谷、蔬菜；遇到商人，就谈论生意经营；遇到工匠，就说各种工巧技艺。你不能对着一群农民说文学艺术、谈修身养性，同样你也不能跟一群学者大谈如何种地、如何收割庄稼。

（四）修身养性，展示魅力

古人所谓的“修身养性”，实际上就是通过自我修炼来达到自我完善，就是要把先贤之美德才学化为自身之习性功力。而要“修”要“养”，首先要能“静”能“忍”。否则，心浮气躁，如何修得下去、养得起来？

同样，展示语言魅力，也要修身养性，强调内在素质。

1. 要有思想

言为心声。如果没有思想，讲出来的是陈芝麻、烂谷子，人云亦云，显然没有人愿意听。“慧于心而秀于口”，说的就是这个道理。

2. 要有条理

首先，说话必须中心明确（说什么话题）、内容明确（说哪些方面）、方法明确（如何来展开话题）。

其次，要言之有序，条理清晰，切忌语言杂乱，叙事不清，主次混乱，说理不明。如议论类话题要有鲜明的观点（论点），还要有支撑观点的材料（论据），更要有合理的、条理性的论述过程。为了使说话有条理，可在说话过程中适时留下“思维路标”，如“其一”“其二”“其三”“总之”“因为”“所以”“但是”“然而”等插入语、关联词语，使口语表达缜密而有条理。

3. 要有学识

一个有文化内涵的人才有好口才。有的人在说话时，说不了几句就语塞了，思维中断。这种表现，一方面是因为说话者只说几句高度概括的话，没有具体事物的描述，缺乏联想、想象，不善于进行各种比较、对照；另一方面说明说话者缺少临场应变能力，思维不够敏捷。要想锻炼出好口才，需要抓住生活中的一切机会，有意识地锻炼自己驾驭语言和清晰思维的能力，锻炼自己联想丰富、迅速成文、出口成章的能力。除了要有专门的知识外，应该拓宽知识面，有远见卓识，想他人所未想、讲他人所未讲，才能出口不凡。此外，还得有丰富的想象力和敏捷的应变力。敏锐的洞察力使你讲话“一针见血”；勇敢的心让你的语言有威势。只有具有了这些强大的内功，才会有嘴上的功夫。

4. 要生动新颖

口语表达要求的通俗易懂和语言思维的生动性、新颖性并不矛盾。说话时，要通过贴近生活的具象来更好地对事物进行描述，增强语言的生动性，使人联想到生活中的事物，给人一种冲击力。另外，在讨论话题时，要求语言承载超越凡俗的见解，老生常谈往往令人生厌，缺乏个人的独到见解是思维趋于定势的表现。打破思维定势，能够对一些传统说法进行反思、更新，语言才具有新颖性，才能激起人们精神的渴望，引起人们的深入思考。

（五）幽默的艺术

1. 幽默的含义

“幽默”一词来自拉丁文“homorem”，后来写作“humors”，意思是“液体”或“流体”，最初是一个生理名词（指体液）。后来，罗马医生盖伦把生理上体液的类型与个体心理上的气质类型联系起来，使幽默逐渐具有了心理含义，并逐渐脱离了生理学领域，进入了心理学的范畴。

16 世纪中叶，被作为嘲笑对象的古怪和孤僻的人被称为“幽默家”（humorist），幽默就是通过模仿这些“幽默家”的古怪行为来使人快乐。因此，幽默也被看作使他人发笑的才能。在此基础上才逐渐形成了幽默的现代含义，即，幽默是指体会快乐，用行为使自己、他人快乐的能力和行为特征。

幽默与滑稽、讽刺不同。滑稽是在嘲笑、插科打诨中揭露事物的自相矛盾之处，以达到批评和讽刺的目的；讽刺则是用比喻、夸张的手法对不良或愚蠢行为进行揭露、批评或嘲笑。幽默与两者既有联系又有区别。《辞海》上的解释是这样的：“通过影射、讽喻、双关等修辞手法，在善意的微笑中，揭露生活中的讹谬和不通情理之处。”有人把幽默看作是一个人成熟的一种表现。现在“幽默”一词作为一个美学范畴，是指一种令人发笑而有余味的情操。笑是幽默的外部特征，没有笑就不称其为幽默。但笑还不是幽默的本质特征，因为笑的种类很多。从笑的形态看，有满足的笑、尴尬的笑、会心的笑等；从笑的机制来看，有生理的笑、社会的笑、心理的笑等。只有“会心的笑”“心理的笑”才与幽默的本质有关。所谓“会心的笑”，是指使人在笑声中明白道理，得到启示。

自 20 世纪 20 年代起，林语堂和中国新文学运动旗手鲁迅等一起，运用幽默手法开展反帝反封建的政治、思想和文化斗争，在斗争中探索幽默理论，并创造了基调高亢、语言诙谐、讽喻犀利的“语丝体”散文，而林语堂本人也被称为“幽默大师”。

2. 常见的幽默方式

（1）相声：通过语言或者对话来达到幽默的效果。

（2）笑话：通过一个有趣的小故事来使人们发笑。

（3）无厘头：利用表面毫无逻辑关联的语言和肢体动作，通过模仿来使人们感到滑稽。

（4）恶搞：通过毫无道理的方式（例如在照片的人脸上画八字胡）来使观看者感到好笑。

（5）黑色幽默：20 世纪 60 年代在美国兴起的一个文学流派，对充满矛盾的荒谬的社会现实进行无奈、苦涩的冷嘲热讽。后也指这种无奈、苦涩的表现风格，是一种对现实采取嘲笑抨击、揭露和讽刺、幻想和否定结合在一起的“黑色”的“幽默”。

（6）冷幽默：带有一点黑色幽默的成分，但又区别于黑色幽默。可以理解为意图不明显的幽默。当事人在讲一个冷幽默故事的时候，并没有刻意地要达到幽默的效果，是一种很随意的幽默，笑不笑由你。冷幽默是那种淡淡的、在不经意间自然流露的幽默，是让人发愣、不解、深思、顿悟、大笑的幽默，是让人回味无穷的幽默。之所以称为冷幽默，是因为不仅要幽默，还要“冷”。

（7）白色幽默：是指令人恐惧而又感到好笑的话或句子。

3. 幽默在有效沟通中的作用

从幽默的原理来说，幽默是一种巧妙的语言方法，是一种艺术性的语言。美国一位心理学家说过：“幽默是一种最有趣、最有感染力、最具有普遍意义的传递艺术。”幽默的语言能使交往气氛轻松、融洽，利于沟通。

幽默在沟通中的主要作用有：

（1）融洽关系。

幽默的特征是用曲折、含蓄的表达（或表现）方式使人领悟，而不是用直叙表达。在人际交往中，轻松幽默地开个得体的玩笑，可以松弛神经、活跃气氛，营造出一个适于交际的轻松愉快的氛围，因而幽默的人常常受到人们的欢迎与喜爱。如《资谈异语》载“曼卿戏言”：“石曼卿善谑，尝出御马，一日失鞍马惊，曼卿坠地，从吏慌忙扶掖升鞍。曼卿曰，赖我是石学士，若是瓦学士，岂不跌碎乎？”这话一听就明白，石曼卿不怪那马和从吏，表示不介意了。这种语言方法出人意料，也挺巧妙有趣，会让听者忍俊不禁。

（2）春风化雨。

幽默是一种无形的力量，它能代替许多软弱无力的话语，发挥其春风化雨、润物无声的效果。交往中如果双方发生了分歧，当事人可撇开严肃的态度，以幽默的语言准确无误地表达出责备，又不至于伤害人，则效果更佳；而一本正经地批评指责，则易引起分歧，导致感情破裂。

（3）摆脱困境。

沟通中，如果随机应变，恰到好处地说出带幽默意味的话，就会化解尴尬，摆脱困境。

例如，有个议员发表演讲，在大家都侧耳倾听时，突然座中有一个听众的椅子腿折断了，这人顺势就跌倒在地上。此时，听众的注意力马上就分散了。议员见状，急中生智，大声说道："诸位，现在都相信我所说的理由足以压倒一切异议声了吧?"话音一落，底下立即响起了一阵笑声，接着就是热烈的掌声。

（4）增进友谊。

有的人尽管为人老实厚道，纯朴善良，但由于不善幽默的言谈，很难拥有更多的朋友；有的人虽然嘴里喋喋不休，但因为话语枯燥乏味，缺少趣味，也无法赢得更多的听众；有的人活泼可爱，幽默风趣，就经常能获得别人的好感，从而赢得众多的真心朋友，在社会交往活动中得心应手。是否具有幽默感，在很大程度上决定着一个人在交际活动中是否能够成功。

可见，幽默是沟通的桥梁，是沟通的润滑剂。善于运用幽默，可以达到有效沟通的目的。

4. 使用幽默禁忌

幽默追求的境界是哲学的飘逸和思想的简朴。幽默，并非低级趣味，也并非所有有趣可笑的语言都是幽默。也就是说，幽默也要得体。真正得体的幽默是诙谐而不失风度，滑稽而不粗俗，简约而又得当。要想幽默得体，需要注意下面几个问题：

（1）内容要高雅。

幽默的内容取决于幽默者的思想情趣与文化修养。内容粗俗或不雅，有时也能博人一笑，但过后就会让人感到乏味、无聊。只有内容健康、格调高雅的幽默，才能给人以启迪和精神享受，而且是说者对自己美好形象的成功塑造。

（2）态度要友善。

幽默的过程是感情互相交流传递的过程。如果借幽默来达到对别人冷嘲热讽、发泄内心厌恶和不满情绪的目的，那么这种行为就不能称为幽默。当然，也许有些人不如你口齿伶俐，表面上你占到上风，但别人一定会认为你不够尊重他人，以后也不会愿意和你继续交往。

（3）要分清场合。

有一次，美国前总统里根在国会开会前，为了试试麦克风是否好用，张口便道："女士们先生们请注意，五分钟之后，我们将对苏联进行轰炸。"一语既出，众皆哗然。显然，里根在不恰当的场合和时间里开了一个极为荒唐的玩笑。为此，苏联政府对美国提出了强烈的抗议。可见，在庄重严肃的场合里，运用幽默一定要注意分寸。

（4）要分清对象。

我们身边的每个人，因为身份、性格的不同，对幽默的承受能力也有差异。同样一个玩笑，能对甲开的，不一定能对乙讲。一般来说，晚辈不宜同长辈开玩笑，下级不宜同上级开玩笑，男性不宜同女性开玩笑。在同辈人之间开玩笑，也要注意对方的情绪信息和性格特征。如果对方性格外向，能宽容忍耐，幽默稍微过大也无妨；若对方性格内向，喜欢琢磨言外之意，开玩笑就要慎重了。对方尽管平时生性开朗，但若恰好碰上不愉快或伤心之事，就不能随便与之开玩笑。相反，对方性格内向，但正好喜事临门，此时与他开个玩笑，轻松的氛围也会一下子凸显出来。

第二节　肢体语言沟通

专家研究显示：一条信息所产生的全部影响力中有7%来自语言（仅指文字），38%来自声音（其中包括语音、音调以及其他声音），剩下的55%则全部来自无声的肢体语言。著名人类学家、现代非语言沟通首席研究员雷·伯德威斯特尔指出：多数人一天只讲10～11分钟的话。通常情况下，在两个人交谈时，语言对情境的社会意义的表达平均不到35%，剩下65%的意义都是由非语言的方式表达的。有观点认为，人们对一个陌生人的最初评判中，60%～80%的评判观点都是在最初不到4分钟的时间里就已经形成了。

现实生活中，最简单的举手投足，不经意的眼神交流、微笑点头……这些细微的肢体语言都蕴藏着很深的情感意识。或许我们都有这样的体会：当我们走进一间熙熙攘攘的房间之后，不用几分钟，就能大体地描述出房间内人与人之间的关系；与某人第一次见面的时候，就会很快地对他做出一番评价，尽管这种评价也许与实际情况有所出入，但在心里已经对他的友好程度、兴趣强弱以及成为朋友的可能性有了一个初步的判断。

在短时间内，人们是凭借什么获得对别人的第一印象和初步评价呢？显然主要是根据对方的表情、姿态、仪表和服装等形成的。人与人在第一次交往中留下的印象，往往在头脑中形成并占据着主导地位，这种效应即第一印象效应，也叫首因效应。首因效应在日常生活中是很普遍的，这种初次获得的印象往往是今后交往的依据。为官者总是很注意烧好上任之初的“三把火”，平民百姓也深知“下马威”的妙用，每个人都力图给别人留下良好的第一印象，这就要研究肢体语言。

一、肢体语言的含义

肢体语言又称身体语言，是指经由身体的各种动作来传达人物的思想，借以形象地表情达意的一种沟通方式。广义的肢体语言，包括面部表情、仪容仪表、仪态、服饰，甚至包括座次、见面礼仪等；狭义的肢体语言，一般只包括身体与四肢所表达的意义。如鼓掌表示兴奋，顿足代表生气，搓手表示焦虑，垂头代表沮丧，摊手表示无奈，捶胸代表痛苦，这些都是惯用动作的含义。当事人以此等肢体活动表达情绪，别人也可辨识出当事人用其肢体活动所表达的心境，由此达到沟通目的。

用肢体动作表达情绪时，当事人经常并不自知。当我们与人谈话时，时而蹙额，时而摇头，时而摆手，时而两腿交叉，我们多半并不自知。因为肢体语言通常是一个人下意识的举动，所以，它很少具有欺骗性。

二、肢体语言的情感表现

（一）人际距离

人类学家经观察发现，人与人之间在面对面的情境中，常因彼此间情感的亲疏不同，而不自觉地保持不同的距离：最亲密的人，彼此间可以接近到 0.5 米；有私交的朋友间，彼此可以接近到 0.5～1.25 米；一般公共场所的陌生人之间沟通时，彼此间的距离通常维持在 3 米以上。此种因情感亲疏而表现的人际间距离的变化，在心理学上称为人际距离。显然，人际距离的变化，是双方当事人沟通时，在肢体语言上的一种情感性的表示；彼此熟悉者，就亲近一点，彼此陌生时，就保持距离。如一方试图向对方接近，对方将自觉地后退，仍然维持一定的距离。

人类学家爱德华·霍尔提出了一种理论，认为个人距离有四种基本类型，每种类型的距离又都有其特征。

（1）亲密距离：0～46 厘米，属于亲密的人、家庭成员、最好的朋友。在此区域中，可以有身体接触，如拥抱、爱抚、亲吻等，话语富于情感，并排斥第三者加入。

（2）个人距离：46 厘米～1.2 米，同学、同事、朋友、邻居等在此区域内交往。由于距离有限，在此区域内说话一般避免高声。

（3）社会距离：1.2～3.6 米，在此区域人们相识但不熟悉，人们交往自然，进退也比较容易，既可发展友谊又可彼此寒暄。

(4) 公共距离：3.6 米，与陌生人的距离，表明不想有发展。在此区域，人们难以单独交往，主要是公共活动，如作报告、等飞机等。

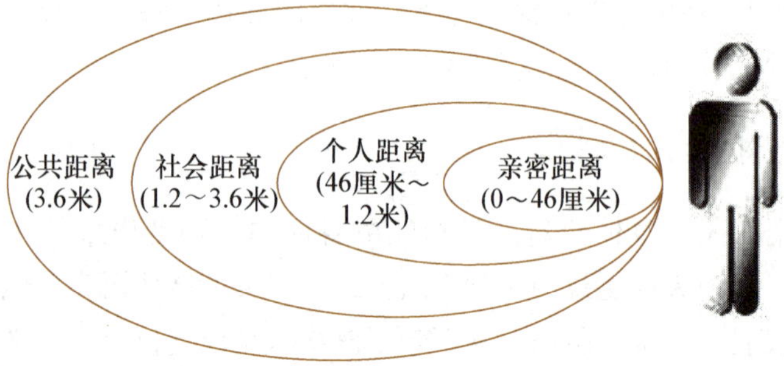

(二) 个人空间

与人际距离相似的另一现象是个人空间。个人为了保持其心理上的安全感受，会不自觉地与别人保持一定距离，甚至试图在其周围划出一片属于自己的空间，不希望别人侵入。在图书馆或公共场所内，经常看到很多人，除自己坐一个位子之外，还以其携带的物品占据左右两边的空位。此时肢体语言所表达的是一种防卫，避免他人侵入其个人空间时带来不安的情绪。如有陌生人要求坐在他的旁边，他就会感到不安，甚至起身离去；如有他熟悉的人到来，他会招呼对方，主动让出自己左右的位子，而且他会因此而感到高兴。

关于个人空间的文化定义也体现在人们对居室、房门和办公室的看法上。德国人觉得房门保持了房间的完整，并且提供了人与人之间的一条必要界线，所以在德国人的办公室里，门一般是坚固的，并且总是关着。但是在美国，关着门可能意味着屋里的人不愿交际，甚至有一种搞阴谋的意味。美国人和德国人都倾向于把总经理的办公室安排在大楼的某个角落，而法国人则把正中央的办公室看作是最受尊敬的。在法国，办公室和城镇通常都是围绕着某一中心向四周辐射，那些最重要的人以及最重要的地点和机构都处在中心位置。

还有研究表明，个人空间的重要性对于不同性别的人是不同的，男人一般比女人需要更多的个人空间。可能正是因为这个原因，在一间拥挤的屋子里，男人比女人更容易受到负面影响。

三、无声胜有声

肢体语言是较为普遍的沟通方式，我们平时都在自觉不自觉地使用着。它可以增强语言沟通的效果，有时又可以代替语言信息。在某些情况下，它的影响力甚至超过语言的沟通。鲁迅的魅力不在容貌而在其表情深刻而鲜明，特别是那双爱憎分明、绝不妥协的眼睛。爱因斯坦最吸引人的也不是容貌，而是那副充满智慧的表情：纯朴、天真，仿佛沉浸于一种回忆和思索之中。《儒林外史》中的吝啬鬼严贡生，临死前看到点着两根灯芯还怕费油，伸出两个指头，就是不肯断气。后来，还是他老婆懂得这个手势的含义，掐掉了一根灯芯，他才断气。一个简单的手势就把一个贪财吝啬的土财主形象刻画得入木三分。

所以，在沟通过程中，我们既要认识和注意到在不同文化中肢体语言意义的不同，又要善于把握和充分运用肢体语言，以达到无声胜有声的效果。

（一）目光

眼睛是心灵的窗户。泰戈尔说过："眼睛的语言，在表情上是无穷无尽的。像海一般深沉、碧空一般清澈，黎明和黄昏，光明与阴影，都在这里自由嬉戏。"眼行为被认为是表达情感信息的重要方式。眼行为的功能主要有：注意、劝说、调节和表达情感。在人际沟通中，眼行为的作用是巨大而强烈的，目光接触往往能够帮助说话的人进行更好的沟通。在掌握并正确运用自己目光语言的同时，还应当学会"阅读"对方目光语言的方法。从对方的目光变化中，分析他的内心活动和意向。如对方的目光和表情和谐地统一，表示很感兴趣，思想专注，谈兴正浓；目光长时间地中止接触或游移不定，表示对交谈不感兴趣，交谈应当很快结束；目光乜斜，表示鄙夷；目光紧盯，表示疑虑；瞪大眼睛，表示吃惊。斜视表示轻蔑，俯视表示羞涩，仰视表示思索，正视表示庄重，等等。目光语言是千变万化的，但都是内心情感的流露。学会阅读并分析目光语言，对于人际交往活动的进行和良性发展有着重要意义。

心理学家做过的实验表明，人们目光相互接触的时间通常占交往时间的30%～60%。如果超过60%，表示彼此对对方的兴趣可能大于交谈的话题；低于30%，表明对谈话没有兴趣。而目光接触的时间，除关系十分密切的人外，一般连续注视对方的时间在3秒左右，过长时间的目光接触表明你对他的兴趣大于他的话语，会让对方感到不适。

在商务场合，目光注视范围主要有两种：一种是公务注视范围；另一种是社交注视范围。

（1）公务注视范围。公务注视是在洽谈业务、贸易谈判或者磋商问题时所使用的一种注视。公务注视范围是以两眼为底线、额中为顶点形成的一个三角区。如果你看着对方的这个区域就会显得严肃认真，对方也会觉得你有诚意。在交谈时如果目光总是落在这个区域，你就会把握住谈话的主动权和控制权。

（2）社交注视范围。是以两眼为上线、唇部为下顶点所形成的倒三角形区域，通常在一般的商务交往场合使用社交注视，当你和人谈话时，注视着对方的这个区域，能给人一种平等而轻松的感觉，可以创造出一种良好的社交气氛。像一些茶话会、舞会和各种聚会的场合中，就适合采用这种注视。

商务场合，除了要把握注视范围外，还要注意眼睛注视的角度和方法。应该用平和、亲切的目光语言，既不目光灼灼显得咄咄逼人，又不目光呆滞显得应酬敷衍。如果眼神发虚或东瞟西望，就会让对方产生一种不踏实的感觉，话还没出口，就先入为主地对你有了看法。

可见，眼睛的语言，透示着一个人的品质和修养。一个有教养的人会善于控制自己的情感，不轻易让不利于交往的情感从眼睛里流露出来。

（二）嘴巴

嘴不出声也会“说话”，嘴不仅是用来表达有声语言的，也同样可以表达丰富的肢体语言。如嘴唇闭拢，表示和谐宁静、端庄自然；嘴唇半开或全开，表示疑问、奇怪、惊讶；嘴角向上，表示善意、礼貌、喜悦；嘴角向下，表示痛苦、悲伤、无可奈何；嘴唇噘着，表示生气、不满意，会被认为是不尊重对方的表现；嘴唇紧绷，表示愤怒、对抗或者是决心已定；故意发出咳嗽声并借势用手掩住嘴，表示心里有鬼，有说谎之嫌；等等。

（三）表情

英国科学家查斯特·菲尔德说：“要想了解谈话对象真正的情感，你应该仔细观察他的脸部表情，因为驾驭语言比控制面部表情容易多了。”人类祖先为了适应自然环境，达到有效沟通的目的，逐渐形成了丰富的表情。随着人类的进化，人类的表情也不断发展、衍变，成为非言语沟通的重要手段。人的感情是非常复杂的，表现在面部有喜、怒、哀、乐等多种形式。人们通过表情来表达自己的情感、态度，也通过表情理解和判断他人的情感和态度。其中，“微笑”在人际交往中有着特别重要的作用。

笑容是走向成功的名片。世界上每位顶尖的营销人员谈起成功的秘诀时，绝不会遗漏“笑容”这一项。微笑可使脸部表情放松，并且将这份效应传达给对方，令对方放下警戒心；一个活力四射 、随时保持笑容的人最具有魅力，谁都想主动亲近他。

微笑能有效地缩短沟通双方的距离，给对方留下美好的心理感受，从而形成融洽的交往氛围。“伸手不打笑脸”，微笑是人际交往中的润滑剂，是广交朋友、化解矛盾的有效手段。在不同的场合、不同的情况下，如果都能用微笑来接纳对方，可以反映出一个人的修养、待人的真诚。因而微笑不仅是一种外化的形象，也是内心情感的写照。美国希尔顿酒店集团公司董事长康纳·希尔顿在50多年的时间里，不断地到他设在世界各国的希尔顿酒店视察，他经常问下级的一句话是："你今天对客人微笑了吗?"

延　伸

常见的肢体语言及其内涵

点头：同意，明白了；

摇头：不同意，不相信；

摇头晃脑：特别自信，唯我独尊；

抬头挺胸：自信，果断；

眯着眼：厌恶，蔑视，鄙夷；

正视对方：友善，诚恳，自信，期待；

避免目光接触：逃避，漠视，恐惧或紧张；

眉毛上扬：不相信，惊讶，蔑视，意外；

摆弄头发：郁闷，焦躁，敏感；

咬嘴唇：紧张，害怕，焦虑；

晃动拳头：愤怒，富攻击性；

鼓掌：赞成，高兴；

轻拍肩背：鼓励，恭喜，安慰；

拍打头部：懊悔，自我谴责；

环抱双臂：漠视，不欣赏，旁观心态；

两手腕交叉：冷漠，有独立见解；

掰手指节：精力旺盛，挑衅；

耸肩摊手：自己无所谓，为人热情，诚恳，富有想象力；

抹嘴捏鼻：喜欢捉弄别人，爱哗众取宠，常拿不定主意；

托腮：善于思考；

摆弄饰物：性格内向，做事认真踏实；

抖脚：紧张，困惑，缺乏自信，自私，吝啬；

来回走动：受挫，不安；

坐在椅子边上：不安，提高警觉。

四、巧用肢体语言

通过对上述肢体语言的了解，在人际沟通与交往中，应学会巧用下列肢体语言：

（1）表示感谢时。在一般的场合，可用点头来表示感谢。在比较庄重的场合，可用鞠躬来表示谢意。鞠躬的深度与感谢的程度有关，感谢的程度越深，躬身的深度越大。表示感谢时还可用双手握住对方的手，上下晃几下，晃的程度越大，感谢的程度越深。此外，还可用双手在胸前抱拳或合十，前后晃动几下表示感谢。

（2）表示高兴时。成语“捧腹大笑”刻画了特别高兴时的体态。在正式场合，男性乐不可支时会仰身大笑；女性则宜掩口而笑，因为女性以“笑不露齿”为美。

（3）爱抚时。爱抚的方式多种多样，比如长辈对晚辈、成人对小孩，常可以拍拍肩膀及抚摸其头顶。

（4）亲热时。关系亲密的年轻女性可以挎着胳膊或相互搂着腰；男性可以互相搂着肩膀；父母对婴幼儿，可以常常亲吻孩子的脸蛋；对可爱而又调皮的孩子表达亲昵感情时，可以在孩子的鼻子上刮一下；上级对下级表示亲近时，可以拍拍对方的肩膀。

（5）表示安慰、鼓励时。年长者对年幼者、上级对下级、强者对弱者表示安慰、鼓励时，常用手拍拍对方的肩膀，用力地握握对方的手，同时伴上有力的晃动。

（6）需要安静时。在人多的场合若需安静，往往手掌伸开，掌心向下，由上向下慢慢挥动。在人少的情况下，往往把双手或一只手放在胸前，掌心向下，手掌伸开，频频向下摆动。也可以用右手食指贴近嘴唇，轻轻发出“嘘”声来示意大家保持安静。

（7）称赞、夸奖、叫好时。用手握拳，跷起大拇指，表示特别赞美；在欣赏文体节目时，可鼓掌喝彩；如果坐在桌子旁，叫好时常拍桌子，成语“拍案叫绝”即表示此体态；坐着叫好可以拍大腿或膝盖。

（8）表示同意、赞成时。最简单的表达方式就是点头。在正式的场合或进行表决时，则要举手表示。在非正式场合，当表示特别赞成、完全同意时，可以双手高高举起。

（9）告别时。古代常用的告别礼是鞠躬或拱手。如今大多采用握手、挥手及点头告别。与晚辈告别时多用挥手；向上级告别时常微微欠身；向死者遗体告别时，一般要三鞠躬。

（10）道歉、告饶时。如果是礼节性的道歉，可以点点头或欠欠身。向师长道歉时，要郑重地点点头，用欠身或鞠躬来表示；一般告饶时可双手合掌在胸前频频摇动；苦苦哀求时则有蜷地求饶、磕头求饶。

五、不同文化中肢体语言的意义

肢体语言的内涵十分丰富，在不同文化中肢体语言的意义可能截然不同。仅仅是最常见到的肢体语言，在中外文化中就大有不同。为了正确使用肢体语言进行沟通，了解不同国家、不同民族的风俗习惯是十分必要的。下面列举几种。

（一）身体接触

有一篇调查报告提供了一些有趣的数字。调查者在各地大学里或附近的商店中观察两人坐着单独说话时的情景，每次至少一小时，记录下两人触摸对方的次数：英国首都伦敦（0）；美国佛罗里达州盖恩斯维尔（2）；法国首都巴黎（10）；波多黎各首府圣胡安（180）。

在英语国家里，一般的朋友和熟人之间交谈时，避免身体任何部位与对方接触。即使仅仅触摸一下，也可能引起对方的不适。不论是摸摸、拍拍还是亲亲孩子，都会使西方的母亲感到别扭。在她们的文化中，这种动作被认为是无礼的，也会引起对方强烈的反感和厌恶。

在阿拉伯国家、俄罗斯、法国、一些拉丁美洲国家以及东欧和地中海沿岸的国家，即便是两个男人，也热烈拥抱、亲吻双颊表示欢迎。不过，在东亚和讲英语的国家，两个男人很少拥抱，一般只是握握手；一过了童年时期，就不应两个人手拉手或一个人搭着另一个人的肩膀走路。

故事

日本前首相福田赳夫到美国进行国事访问。他在白宫前下车，美国总统上前紧紧拥抱，表示欢迎。福田首相吃了一惊，日本代表团成员也愣住了，许多美国人也感到奇怪——这种情况很少见，完全出乎人们意料。如果美国总统按日本人的习惯深鞠一躬，大家也不会那么惊讶。在美国和日本，其实都不用拥抱这种方式表示欢迎。

（二）脸部表情

在中国，不论是微笑还是大笑，通常表示友好、赞同、满意、高兴、愉快。但在西方某些国家，笑会引起人们的反感。比如在餐厅里，一个美国人不小心摔了一个碟子，他本来就感到窘迫，而在场的人发出笑声，使他更加觉得不是滋味，又生气又反感。中国人的这种笑，不论是对本国人还是对外国人，并非是嘲笑当事人，也不是幸灾乐祸。

在讲英语的国家，盯着对方看或看得过久都是不合适的。即使用欣赏的目光看人（如对方长得漂亮），也会使人发怒。

故事

有个十来岁的波多黎各姑娘在纽约一所中学里读书。有一天，校长怀疑她和另外几个姑娘吸烟，就把她们叫去盘问。尽管这个姑娘一向表现不错，校长也没有她做错什么事的证据，但校长还是认为她做贼心虚，勒令其停学。他在报告中写道："她躲躲闪闪，很可疑。她不敢正视我的眼睛，不愿看着我。"碰巧有一位出生于拉丁美洲家庭的教师，对波多黎各文化有所了解，他同这个姑娘的家长谈话后对校长解释说："就波多黎各的习惯而言，好姑娘不看成人的眼睛，这种行为是尊敬和听话的表现。"幸而校长接受了这个解释，承认了自己的错误，妥善处理了这件事。

（三）肢体动作

在非语言沟通的方式中，肢体动作表示的意思较复杂。如用大拇指和食指构成一个圆圈，其他三指伸直，就是"OK"的手势，在欧洲表示赞扬和允诺的意思；然而在法国南部、希腊、撒丁岛等地，它的意思恰好相反。招呼人过来的手势，讲英语的国家的人是食指朝上向里勾动；而这个动作对中国人来说是不友好的挑衅。点头一般表示认同，但尼泊尔人、斯里兰卡人和有些印第安人、爱斯基摩人则用点头表示"不"。竖起大拇指，在我国和某些国家是表示高度的赞誉；在希腊却是让对方"滚蛋"的意思；在英国、澳大利亚和新西兰等国家，则是拦车、要求搭车的意思。

故事

赫鲁晓夫在美国访问期间，曾经做过一个手势：他紧握双手，举过头顶，在空中摇晃。他的意思是表示问候、表示友好。但是，在场的人和电视观众对此并不欣赏。美国人很熟悉这个动作——这是拳击手击败对手后表示胜利的姿势。在此之前，赫鲁晓夫曾说过要"埋葬"美国资本主义的话，因而许多美国人认为，这种手势表示他好像已经取得了胜利，是一种洋洋自得。

第五章 沟通的障碍及其克服

第一节 沟通的障碍

所谓沟通障碍，是指信息在传递和交换过程中，由于信息意图受到干扰或误解，而导致沟通失真的现象。

沟通是信息的传递和理解。完美的沟通，应是经过传递之后接收者感知到的信息和发送者发出的信息完全一致。然而，沟通中的障碍总是影响沟通的有效性。一般来讲，沟通中的障碍主要有主观障碍、客观障碍和沟通方式的障碍三个方面。

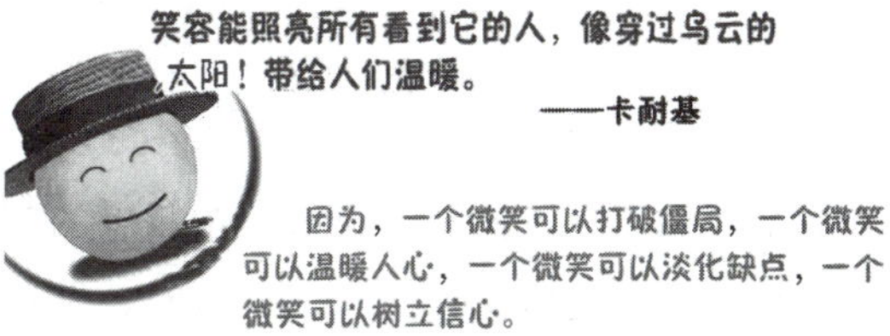

一、主观障碍

信息的发送者与接收者，由于自身条件、所处地位、个人感受、表达能力、判断力等因素的影响，往往导致沟通联络出现障碍。具体表现为以下几种情况：

第一，信息编码不准确或信息传送不全。

小游戏

请 A 同学上讲台，当信息的发送者；10～20 名同学参与游戏。

①主持人向参与游戏的同学每人发 4 张一样大小的纸条。

②主持人让 A 同学和其他同学看类似以下的图形（参与游戏的同学不能看）。

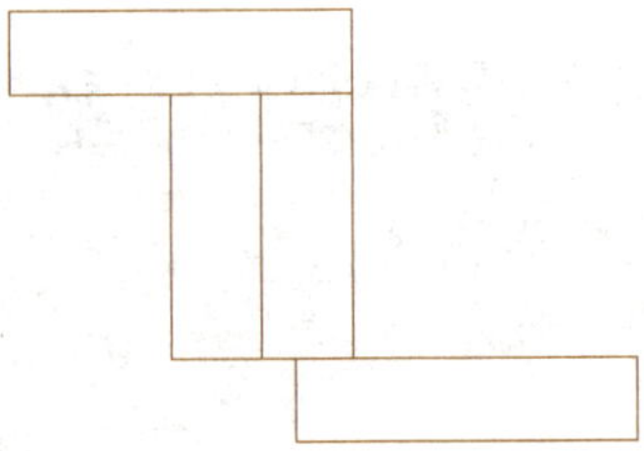

③主持人要求A同学根据图的形状（最好不要用本教材中的图），用口头语言进行编码；参与游戏的同学，根据A同学的编码信息，进行译码和反馈；游戏过程可以提问，A同学可以不断地说明；最后看看同学们是否在一定的时间内摆出了符合要求的图形。

A同学在编码的时候只能用口头语言，不能用其他形式的语言（如手势等）；主持人或参与游戏的同学如不满意A同学的编码（听不懂），可以换B、C……同学来当信息的发送者。

【结果】游戏进行了几分钟？

【思考】游戏说明了什么？

第二，信息译码不准确。

译码是指信息接收者对接收到的信息所作的解释、理解。接收者的解释和理解受个体主观原因影响，可能会与发送者的原意不同，有时甚至差距较大。

第三，个体差异。

当信息的发送者与接收者在经验水平、个性及知识结构上差距过大时，一些发送者认为很简单的、不需多加说明的信息，在接收者那里却是很复杂、需要加以解释才能理解的信息，就会产生沟通障碍。对信息的态度不同，或是认识水平有限，或是不感兴趣等，使一些员工和主管人员忽视对自己不重要的信息，造成传播沟通障碍。文化背景不同，风俗习惯不同，也可能造成沟通误会与阻塞。

第四，心理障碍。

人际沟通与机器之间的沟通不同，因为双方都是有思想、感情，有内心心理活动的个体，如果他们的心理活动产生了一定的障碍，必然会影响沟通的效果。认识偏差、情绪失控、态度不妥，如对人有成见、胆怯、急躁、固执、蛮横等都是不利于沟通的心理障碍。同时，每个人在组织中的地位不同，也容易造成心理上的差异，形成心理隔阂，从而不愿进行有效的沟通，或不能进行有效的沟通。如在上级与下属谈话中，如果这个上级平时比较严厉，而下属又比较内向，可能会出现下属虽然在认真听上级讲话，但由于心情紧张，信息接收率大打折扣的现象。

第五，角色障碍。

在组织结构中，由于管理级别的不同而在员工中产生了一些地位、等级感。如在公司总经理和部门经理之间，在部门经理和员工之间存在着地位差异，这种地位的差异就较易造成沟通障碍。主管人员和下级之间相互不信任、下级人员的畏惧感等，均会造成沟通障碍。

二、客观障碍

第一，信息的发送者和接收者如果空间距离太远、接触机会少，就会造成沟通障碍。

第二，社会文化背景不同、种族不同而形成的社会距离，也会影响信息沟通。

第三，外部干扰。

信息沟通过程中经常会受到自然界各种物理噪音、机器故障的影响或其他外部事物的干扰，也会因双方距离太远而沟通不便，影响沟通效果。

第四，沟通的漏斗。

沟通的漏斗原理，是指信息在沟通过程中呈现的是一种由上至下逐渐减少的趋势。漏斗的特性就在于“漏”。对沟通者来说，如果一个人所传达的信息是100%；当你用语言表达时，说出来的就只剩下原来信息的80%了；而当这些信息进入别人的耳朵时，只被捕捉到60%；实际上，真正被别人理解了、消化了的信息大概只有40%；等到这些人遵照领悟来具体行动时，信息已经减少到20%了；最终被记住的，只有最初传达的信息的10%了。

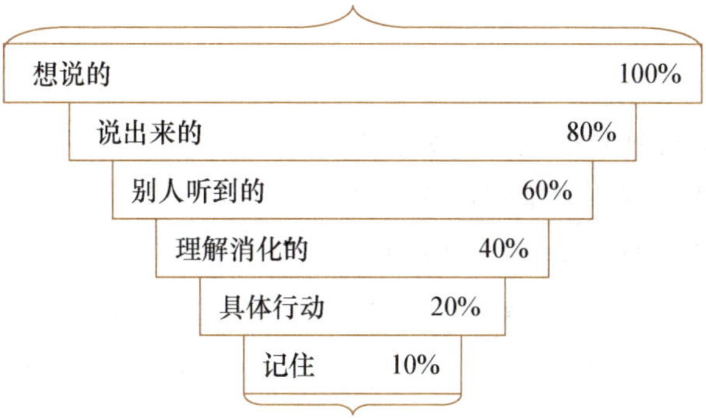

三、沟通方式的障碍

（一）语言系统障碍

比如说粤语的广东人与说吴语的苏州人，连对方在说什么都听不懂，就更谈不上相互沟通了。除了语音之外，用词不当、专业术语太强、语义不明、表达不清也是语言障碍的重要方面。

故事

山东人在北京乘公共汽车到“建国门”，拿出一张 50 元钞票给售票员说“见过没”，闹出一场笑话；厦门人到上海饭店吃饭，点菜时对服务员说“青菜”（随便的意思），结果上了一桌青菜。

故事

有一个秀才去买柴，他对卖柴人说：“荷薪者过来！”卖柴人听不懂“荷薪者”三个字，但是听得懂“过来”两个字，于是就把柴担到秀才面前。秀才问他：“其价如何？”卖柴的人听不太懂这句话，但是听得懂“价”这个字，于是就告诉秀才价钱。秀才接着说：“外实而内虚，烟多而焰少，请损之。”

结果可想而知。

（二）表达技巧障碍

例如，“讨厌”“你好啊”之类的词语，用不同的副语言来表达，会产生完全不同的效果。

（三）沟通渠道障碍

（1）沟通渠道扭曲。例：下面两条线，一条竖的，一条横的，哪一条比较长？

看起来，竖线长一些。其实这两条线一样长。那么为什么我们会认为竖线比较长呢？这叫做错觉，是一种渠道的扭曲。

再看下图，有两条线，X 线和 Y 线：

这两条线也是一样长的。为什么看起来 X 线比 Y 线要长一点？因为 Y 线的两端是封起来的，X 线的两端是开放的。在日常生活中，也有这样的错觉，如同样大小的房子，如果有落地窗，会觉得这个房子比较大；如果满是墙壁，这个房子看上去会比较小。

（2）选择沟通媒介不当。比如对于重要事情而言，口头传达效果较差，因为接受者会认为“口说无凭”“随便说说”而不加重视。

(3) 几种媒介相互冲突。当信息用几种形式传送时，如果相互之间不协调，会使接受者难以理解传递的信息内容。如领导表扬下属时面部表情很严肃甚至皱着眉头，就会让下属感到迷惑。

(4) 沟通渠道过长。组织机构庞大，内部层次多，从最高层传递信息到最低层，再从最低层汇总情况到最高层，中间环节太多，容易使信息损失较大。

第二节 沟通障碍的克服

对于上述沟通障碍，可以从以下三个方面采取相应的对策。

一、利用反馈

很多沟通问题是由于误解或不能准确理解信息造成的。在沟通过程中使用反馈回路，则会减少这些问题的发生。这里的反馈可以是言语的，也可以是非言语的。

当信息发送者问接收者：“你明白我的话了吗？”所得到的答复代表着反馈。但反馈不仅仅包括“是”或“否”的回答。为了核实信息是否按原有意图被接受，可以询问有关该信息的一系列问题。但最好的办法是，让接收者用自己的话复述信息。如果听到的复述正如本意，则可增强理解与精确性。还有一些比直接提问和对信息进行概括更精细的反馈方法。例如，综合评论可以了解接收者对信息的反应。

当然，反馈不必一定以言语的方式表达，有时候行动比言语更为明确。比如，销售主管要求所有下属必须整理好上月的销售报告，当有人未能按期上交此报告时，管理者就得到了反馈。这一反馈表明：销售主管对自己的指令阐述得可能不够清楚。同样，当你面对一群人演讲时，你会观察他们的眼睛及其他非言语线索，以了解他们是否在接收你的信息。

二、简化语言

（一）讲话要有重点

简化语言的重中之重就是讲话要有重点。很多人在听别人讲话的时候，将后背贴在椅背上，从心理学上来看，这表示他的态度无所谓，没有兴趣。但是一旦你讲到他感兴趣的地方，他会突然将身体从椅背上移开，移向你这个方向，这表示他在注意。但这种注意时间是有限的。在这关键的时间内，如果你讲得不好，他的后背又靠在椅背上了。所以，与人沟通时要先准备一下，你想要讲什么，一定要简明扼要，要有重点。比如，如果有人问你卖的是什么车子，你说“劳斯莱斯”；他说只准讲一句话来介绍这车子，“每一个零件都是手工打造”无疑是重点的一句，因为世界上所有的汽车中，只有劳斯莱斯的每个零件都是手工打造的。

（二）善用比喻

即使很复杂的问题，也可以用简单的比喻讲出来。所谓善用比喻，就是举例子给对方听，因为例子生动，真实可信，非常容易触动对方，使对方一听就明白了。

故事

爱因斯坦有一次参加一个晚会，一位老太太跟他说：“爱因斯坦先生，你真是不得了啊，得诺贝尔奖了。”爱因斯坦说：“哪里，哪里。”“爱因斯坦先生，我听说你得诺贝尔奖的那个论文叫做什么相对论，相对论是什么东西啊？”什么是相对论呢？问他的是一个70多岁的老太太，爱因斯坦要怎么回答呢？能量等于质量乘以光速的平方——这种相对论的公式，她能听懂吗？爱因斯坦马上就用比喻的方法告诉她：“亲爱的太太，当晚上十二点钟，你的女儿还没有回家，你在家里等她，十分钟久不久？”“真是太久了。”“那么亲爱的太太，如果你在纽约大都会歌剧院听歌剧卡门，十分钟快不快？”“真是太快了。”“所以太太，你看，两个都是十分钟，相对不同，这就叫做相对论。”“哦，我明白了。”

三、主动倾听

前面已经表述了倾听的重要性。尤其是在与别人谈判的时候，应当注意倾听在前、发表言论在后。我们常说言多必失，话讲多了就有漏洞。找准对方的“软肋”，最简单的方法就是先听他讲，然后抓住他的漏洞，而不是一开始就打断他的讲话；等我们反问他的时候，他就词穷了，这时无论说什么，他都会听得下去。

与对方沟通的时候，除了主动倾听，还要做到不断地提出问题去澄清你的想法。大部分的问题都是“纸老虎”，越问越狭窄，越问越无处藏身，问题的答案就自然而然浮现出来了。很多人都不喜欢问问题，喜欢闷不吭声，这是不对的。一个人在倾听和提问的时候，就会比较容易找到问题的答案。

第六章 沟通的方向

第一节 向上沟通：与领导沟通的技巧

每个职场上的人都有自己的领导。对领导，有的人可能把他看作自己的朋友，也有人把他看作自己的“敌人”。与领导建立良好的人际关系，在工作中双方都会感到很愉快，于公于私都有好处。

一、请示汇报，主动沟通

（一）明确目标任务

一项工作在确定了大致的方向和目标之后，领导通常会指定专人来负责该项工作。如果领导明确指示你去完成某项工作，那就一定要明白领导的意图和工作的重点，用最简洁有效的方式记录、总结。此时不妨利用传统的5W2H的方法来快速记录工作要点，即弄清楚该命令的时间（When）、地点（Where）、执行者（Who）、为了什么目的（Why）、需要做什么工作（What）、怎样去做（How）、需要多少工作量（How many）。在领导下达完命令之后，立即将自己的记录进行整理，再次简明扼要地向领导复述一遍，看是否还有遗漏或者自己没有领会清楚的地方，并请领导加以确认。如果领导对你所记录和理解的目标认可了，那么就可以进入下一个环节。

（二）提出初步解决方案

领导在下达了命令之后，往往会关注下属对该问题的解决方案。他希望下属能够对该问题有一个大致的思路，以便在宏观上把握工作的进展。所以，作为下属，在接受命令之后，应该积极开动脑筋，对即将负责的工作有一个初步的认识，告诉领导初步解决方案。尤其是对于可能在工作中出现的困难，要有充分的认识；对于在自己能力范围之外的困难，应提请领导协调别的部门加以解决。

（三）拟订详细的工作计划

在明确工作目标并和领导就该工作的可行性进行讨论之后，应该尽快拟订一份工作计划，交给领导审批。在该工作计划中，应该详细阐述行动方案与步骤，尤其是对工作时间进度要给出明确的时间表，以便于领导进行监控。

（四）检查计划执行情况

已经按照计划开展工作后，应该留意自己工作的进度是否和计划书一致。无论是提前还是延迟了工期，都应该及时向领导汇报，让领导知道你现在在干什么、取得了什么成效，并及时听取领导的意见和建议。

（五）及时总结汇报

工作完成后，应及时进行总结汇报，总结成功的经验和其中的不足之处，以便于在下一次的工作中改进提高。同时不要忘记在总结中提及领导的正确指导和你的下属的辛勤工作。至此，一项工作的请示与汇报才算基本结束。

千万不要忽视请示与汇报的作用，因为它是和领导进行沟通的主要方式。应该力争把每一次的请示汇报工作都做得完美无缺，这样领导对你的信任和赏识就会慢慢加深了。

二、请示汇报的基本态度

（一）尊重而不吹捧

作为下属，一定要充分尊重领导，在各方面维护领导的权威，支持领导的工作，这也是下属的本分。首先，对领导的工作要支持、尊重和配合；其次，在难题面前要善于为领导解围。有时领导处于矛盾的焦点上，作为下属要主动出面，勇于解决矛盾、承担责任、排忧解难。

（二）请示而不依赖

一般说来，作为部门主管在自己职权范围内大胆负责、创造性工作，是值得倡导的，也是为领导所欢迎的。下属不能事事请示、遇事没有主见、大小事不做主。这样领导也许会觉得你办事不力。该请示汇报的，必须请示汇报，但决不要一味依赖、等待。

（三）主动而不越权

对工作要积极主动，敢于直言，善于提出自己的意见，不能唯唯诺诺、四平八稳。在处理同领导的关系上，要克服两种错误认识：一是领导说啥是啥，好也罢坏也罢，没有自己的责任；二是自恃高明，对领导的工作思路不研究、不落实，甚至另搞一套、阳奉阴违。当然，下属的积极主动、大胆负责是有条件的，要有利于维护领导的权威，维护团体内部的团结，在某些工作上不能擅自超越自己的职权。

三、与各种性格的领导沟通的技巧

由于个人的素质和经历不同，不同的领导就会有不同的领导风格。根据每一位领导的不同性格，在与他们交往的过程中区别对待，运用不同的沟通技巧，会获得更好的沟通效果。

（一）控制型的领导特征和与其沟通技巧

1. 性格特征

控制型领导往往态度强硬，有强烈的竞争心态，要求下属必须服从，实际、果决，旨在求胜，对细节不感兴趣。

2. 沟通技巧

与这类领导沟通，重在简明扼要、干脆利索，不拖泥带水，不拐弯抹角。无关紧要的话少说，直截了当、开门见山地谈即可。此外，这种类型的领导很重视自己的权威性，不喜欢下属违抗自己的命令。所以应该更加尊重他们的权威，认真对待他们的命令；在称赞他们时，也应该称赞他们的成就，而不是他们的个性或人品。

（二）互动型的领导特征和与其沟通技巧

1. 性格特征

互动型的领导善于交际，喜欢与他人互动交流，喜欢享受他人对其的赞美，凡事喜欢参与。

2. 沟通技巧

面对这一类型领导，切记要公开赞美，而且赞美的话语一定要出自真心诚意，言之有物，虚情假意的赞美会被他们认为是阿谀奉承，从而影响他们对你个人能力的整体看法。在与这种类型的领导沟通时，要留意自己的肢体语言，因为他们对别人的一举一动都会十分敏感。另外，他们还喜欢与下属当面沟通，喜欢下属能与自己开诚布公地谈问题，即使有人对他有意见，也希望能够摆在桌面上交谈，而厌恶下属在私下里发泄不满情绪。

（三）实事求是型的领导特征和与其沟通技巧

1. 性格特征

实事求是型的领导讲究逻辑而不喜欢感情用事，为人处世自有一套标准，喜欢弄清楚事情的来龙去脉，理性思考而缺乏想象力，是方法论的最佳实践者。

2. 沟通技巧

与这类领导沟通时，可以省掉话家常的时间，直接谈他们感兴趣且实质性的东西，对他们提出的问题也最好直接作答。同时，在进行工作汇报时，多就一些关键性的细节加以说明。

四、说服领导的技巧

对于领导的指示，要认真执行。那么，怎样说服领导，让领导理解自己的主张、同意自己的看法呢？

（一）选择恰当的时机

刚上班时，领导会因事情多而繁忙；快下班时，领导又会疲倦心烦。显然，这都不是提议的好时机。当领导心情不太好时，无论多么好的建议，都难以细心静听。

那么，什么时候谈会比较好呢？通常在上午10点左右，领导可能刚刚处理完清晨的业务，有一种如释重负的感觉，同时正在进行本日的工作安排；此时以委婉方式提出你的意见，会比较容易引起领导的思考和重视。还有一个较好的时间段是在午休结束后的半个小时里，此时领导经过短暂的休息，可能会有更好的体力和精力，比较容易听取别人的建议。总之，要选择领导时间充分、心情舒畅的时候提出方案。

（二）凭资讯和数据说话

对改进工作的建议，如果只凭嘴巴讲，没有太大的说服力。如果事先收集、整理好有关数据和资料，做成书面材料，借助视觉力量，就会增强说服力。只有摆出新方法的利与弊，用各种数据、事实逐项证明，才能让领导不认为你有头脑发热、主观臆断的嫌疑。

（三）设想领导质疑，事先准备答案

当领导对方案提出疑问，如果你事先毫无准备，吞吞吐吐，前言不搭后语，自相矛盾，当然不能说服领导。因此，应事先设想领导会提什么问题，自己该如何回答。

（四）表述简明扼要，重点突出

在与领导交谈时，一定要简单明了。对于领导最关心的问题要重点突出、言简意赅，而不要东拉西扯、分散领导的注意力。

（五）面带微笑，充满自信

一个人若是对自己的计划和建议充满信心，那么他无论面对的是谁，都会表情自然；反之，如果他对自己的提议缺乏必要的信心，就会在言谈举止上有所流露。试想，如果你的下属表情紧张、局促不安地对你说："经理，我们对这个项目有信心。"你会不会相信他？你肯定会说：我从他的肢体语言上读到了"不自信"这三个字，我不太敢相信他的建议是可信任的。同样的道理，面对自己的领导时，要学会用自信的微笑去感染领导、征服领导。

（六）尊敬领导，勿伤领导自尊

无论你的可行性分析和项目计划有多么完美无缺，也不能强迫领导接受。毕竟，领导统管全局，他需要考虑和协调的事情你并不完全明白。在阐述完自己的意见之后，应礼貌地告辞，给领导思考和决策的时间。即使领导不愿采纳你的意见，也应该感谢领导倾听你的意见和建议，让领导感觉到你工作的积极性和主动性。

第二节　向下沟通：与下属沟通的技巧

作为一名部门主管，需要关注怎样处理好与下属的关系。能否建立一个关系融洽、积极进取的团队，很大程度上取决于你是否善于与下属进行沟通，取决于你是否善于运用沟通技巧。

一、下达命令的技巧

命令即主管要求或禁止下属的特定行动。命令的目的是要让下属照你的意图完成特定的行为或工作；它也是一种沟通，只是命令带有组织阶层上的职权关系；它隐含着强制性，会让下属有被压抑的感觉。若主管经常都用直接命令的方式要求员工做好这个、完成那个，也许表面上看起来部门非常有效率，但是工作品质一定无法提升。因为直接命令忽略了下属的能动性，压抑了下属的创造性思考和积极负责的心理，同时也让下属失去了参与决策的机会。

直接命令虽然有缺点，但要确保下属能朝组织确定的方向与计划执行，命令是绝对必要的。那么如何使用命令权呢？

（一）正确传达命令意图

下达命令时，要正确地传达命令，不要经常变更命令；不要下一些自己都不知道原由的命令；不要下一些过于抽象的、让下属无法掌握命令的目标；不要为了证明自己的权威而下命令。

（二）使下属积极接受命令

要使下属积极接受命令，可用提升下属意愿的沟通方式替代大部分的命令。对“命令”的含义应该打破固有的窠臼，不要陷于“命令—服从”的固有认知。必须注意下列 5 个传达命令的沟通技巧：

1. 态度和善，用词礼貌

为了改善与下属的关系，使他们感觉自己受到尊重，要使用一些礼貌用语。一位受人尊敬的主管，首先应该是一位懂得尊重别人的主管。

2. 让下属明白这项工作的重要性

下达命令之后，告诉下属这项工作的重要性，以激发下属的成就感，促使下属努力工作、不负众望。

3. 给下属更大的自主权

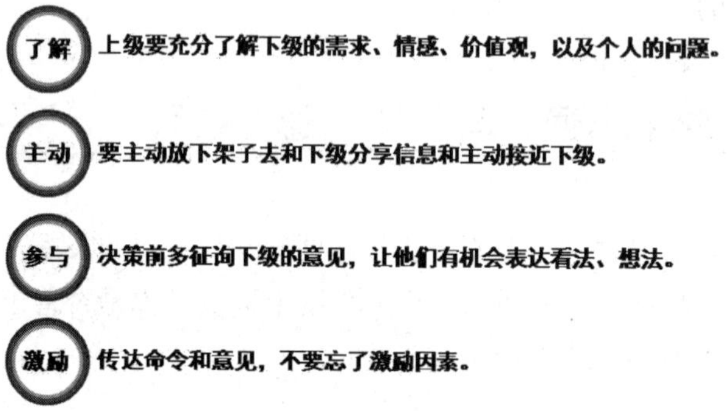

一旦决定让下属负责某一项工作，就应该尽可能地给他更大的自主权，让他可以根据工作的性质和要求，更好地发挥个人的创造力。

4. 共同探讨状况、提出对策

即使命令已经下达，下属也已经明白了他的工作重点所在，也已经相应地进行了授权，但切不可就此不再过问事情的进展。尤其当下属遇到问题和困难，希望得到协助解决时，应该和下属一起共同分析问题、探讨状况，尽快提出一个解决方案。

5. 让下属提出疑问

可询问下属有什么问题及意见，尽量采纳下属好的意见，并称赞他。

上述5个传达命令的沟通技巧能提升下属接受命令、执行命令的意愿，组织的意图才能被下属积极地执行。让下属感觉到自己是在一个开放、自由、受尊重的环境中工作，必能提高工作效率。

二、赞美下属的技巧

（一）赞美的作用

要建立良好的人际关系，恰当地赞美他人是必不可少的。美国一位著名社会活动家曾提出一条原则：“给人一个好名声，让他去达到它。”事实上，被赞美的人宁愿做出惊人的努力，也不愿让你失望。

赞美能使他人满足自我的需求。心理学家马斯洛认为，荣誉和成就感是人的高层次的需求。一个人具有某些长处或取得了某些成就，他还需要得到社会的承认。如果能以诚挚的敬意和真心实意的赞扬满足他人的自我，那么任何一个人都可能会变得更令人愉快、更通情达理、更乐于协作。因此，作为主管，应该努力去发现下属身上值得赞扬的小事，寻找他们的优点，形成一种赞美的习惯。

（二）赞美的技巧

赞美下属作为一种沟通技巧，不是随意说几句恭维话就可以奏效的。事实上，赞美下属也有一些技巧及要点。

1. 态度要真诚

赞美下属必须真诚。每个人都珍视真心诚意，它是人际沟通中最重要的原则。英国专门研究社会关系的卡斯利博士曾说过："大多数人选择朋友都是以对方是否出于真诚而决定的。"所以，在赞美下属时，必须确认赞美的人的确有此优点，并且要有充分的理由去赞美他。

2. 内容要具体

赞美要依据具体的事实加以评价，除了泛泛的用语如"你很棒""你表现得很好"，最好还加上对具体事实的评价。

3. 要注意场合

在众人面前赞美下属，对被赞美的员工而言，当然受到的鼓励是最大的，这是一个赞美下属的好方式；但是采用这种方式时要特别慎重，因为被赞美者的表现若是不能得到大家客观的认同，其他下属难免会有不满的情绪。因此，公开赞美最好是能被大家认同及公正评价的事项。

4. 适当运用间接赞美

所谓间接赞美，就是借第三者的话来赞美对方，或在当事人不在场的时候赞美，这样往往比直接赞美对方的效果要好。一般来说，背后的赞美都能传达到本人，这除了能起到赞美的激励作用外，更能让被赞美者感到对他的赞美是诚挚的，因而更能加强赞美的效果，沟通也就会更加卓有成效。

总之，接受赞美是人们的一种心理需要，赞美他人是对他人敬重的一种表现。恰当地赞美别人，会给人以舒适感，同时也会改善与下属的人际关系。所以，在沟通中，我们必须掌握赞美他人的技巧。

三、批评下属的技巧

俗话说："良药苦口，忠言逆耳。"有人认为，批评就是"得罪人"的事，所以有些主管从不当面指责下属，因而，造成下属的不当行为一直无法得到纠正。有些主管指责下属后，不但没有达到改善的目的，反而使下属产生更多的不满。之所以会产生这样的后果，原因在于主管批评下属的时候缺乏技巧。医药事业发展至今，许多良药已经包上了糖衣，早已不苦口了；那么为什么不能研究一下批评他人的技巧，变成"忠言不逆耳"呢？

（一）以真诚的赞美做开头

俗话说："尺有所短，寸有所长。"一个人犯了错误，并不等于他一无是处。所以在批评下属时，如果只提他的短处而不提他的长处，就会让他感到心理上的不平衡，感到委屈。比如一名员工平时工作颇有成效，偶尔出了一次质量事故，如果批评他的时候只指责他导致的事故，而不肯定他以前的成绩，他就会感到以前"白干了"，从而产生抗拒心理。心理学研究表明，被批评的人最主要的障碍就是担心批评会伤害自己的面子、损害自己的利益。所以在批评前帮他打消这个顾虑，甚至让他觉得"功大于过"，那么他就会主动放弃心理上的抵抗，对批评也就更容易接受。

（二）要尊重客观事实

批评他人通常是比较严肃的事情，所以在批评的时候一定要客观、具体，应该就事论事。批评他人，并不是批评对方这个人，而是批评他的错误的行为，千万不要把对下属错误行为的批评扩大到对下属本人的批评上。如果对方只是一次无意的过失，却被上升到了责任心的高度去批评，很可能把他推到对立面，使关系恶化，也很可能导致他在今后的工作中出更多的纰漏。

（三）不要伤害下属的自尊与自信

不同的人由于经历、知识、性格等自身素质的不同，接受批评的能力和方式也会有很大的区别。在沟通中，应该根据不同的人采取不同的批评技巧。这些技巧的核心，就是不损对方的面子、不伤对方的自尊。

（四）选择适当的场所

不要当着众人的面指责，批评、指责最好选在单独的场合，如独立的办公室、安静的会议室或休息室等。

（五）友好地结束批评

正面批评下属，对方或多或少会感到有一定的压力。如果一次批评弄得不欢而散，对方一定会增加精神负担，产生消极情绪，甚至对抗情绪，这会为以后的沟通带来障碍。所以，批评应尽量在友好的气氛中结束，这样才能彻底解决问题，并帮对方打消顾虑，增强对方改正错误、做好工作的信心。

每个人都会犯错，有宽广的胸襟包容下属的过失，本着爱护下属的心态，正确、适时地批评，对下属、对部门都具有正面的功效。

第三节　水平沟通：与客户沟通的技巧

"接近客户的 30 秒，决定了推销的成败"，这是成功推销人共同体验的法则。本节以营销为例，谈谈与客户沟通的技巧。

一、接近客户的注意事项

从接触客户到切入主题的这段时间，要注意以下两点：

（一）迅速打开准客户的“心防”

任何人碰到从未见过面的人，内心深处总是会有一些警戒心。当准客户第一次接触业务员时，他是主观的，也是带有防备心理的。“主观的”含义很多，包括对个人穿着、打扮、品味，甚至高矮胖瘦等主观上的感受，从而产生喜欢或不喜欢的直觉。由于主观的切入点，使准客户对于不符合自己价值观或审美观的人有一种自然的抗拒心理。由于人们对不太熟悉的人都会产生一种本能的防备心理，所以无形中就在准客户和业务员之间筑起了一道防卫的墙。因此，只有在迅速地打开准客户的“心防”后，才能使客户敞开心扉，才可能让客户用心听你的谈话。

（二）推销商品前先销售自己

“客户不是购买商品，而是购买推销商品的人。”这句名言流传已久。说服力不是仅靠强而有力的说词，而是仰仗着推销人言谈举止中散发出来的人性与风格魅力。

日本著名的“推销之神”、丰田公司的神谷卓一曾说：接近准客户时，不需要一味地向客户低头行礼，也不应该迫不及待地向客户介绍商品，这样做反而会引起客户逃避……与其直接介绍商品，不如谈些有关客户的太太、小孩的话题或谈一些社会新闻之类的事情。接近客户的重点是让客户对一位以推销为职业的业务员抱有好感，从心理上先接受他。

二、接近客户的技巧

成功接近客户，必须突破一些关口，如公司前台接待员、秘书及关键人士。因此，要能顺利地达成面谈的目标，需要灵活运用一些技巧，以达成有效推销。

（一）面对接待员的技巧

去一个公司，最先面对的人就是这家公司的接待员。与其进行沟通的效果如何，往往会直接决定在该公司能否成功地开展工作。

（1）用坚定清晰的语句告诉接待员你的意图。

（2）适时和接待员打招呼。和拜访对象完成谈话、离开公司时，一定要向接待员打招呼，同时请教她的姓名，以便下次见面时能立即叫出她的名字。

（二）面对秘书的技巧

通过了接待员的第一关，通常还会遇到秘书的询问。与秘书交谈，也有一些沟通技巧。

（1）向秘书介绍自己，并说明来意。向秘书说明来意可用简短、抽象性的字眼或用一些较深奥的专有技术名词，让秘书认为你的拜访是很重要的。

（2）向秘书道谢，并请教对方的姓名。

（3）将名片或资料，请秘书转交给拜访对象。

（4）尽可能从秘书处了解一些关于关键人士的个性、作风、兴趣及工作时间等信息，为下一步沟通做准备。

（三）会见关键人士的技巧

（1）接近的技巧：会见关键人士时，可运用接近客户的谈话技巧。

（2）告辞的技巧：谢谢对方在百忙当中抽时间会谈；再次确认此次会谈中彼此可能需要检查、准备的事项，以备下次会谈；退出门前，轻轻地向对方点头，面向对方将门轻轻关上，千万不可反手关门。

三、获取客户好感的六大法则

（一）给客户良好的外观印象

人的外观会给他人暗示的效果，因此，要尽量使自己的外观给初次会面的客户一个好印象。虽然每个人的长相是天生的，但是也能经由自己进行相当程度的修饰；穿着打扮也是影响他人对你的第一印象好坏的主要因素。一个连穿着都不能注意的人，怎么能获得别人的信任呢？事实上，客户在做决定的时候，往往是感性的因素左右着理性的因素，否则“推销商品前先推销自己”这句话就不会成为一句指导推销的金玉良言了。

（二）记住并常说出客户的名字

沟通大师卡耐基说过，“记住人家的名字，而且很轻易地叫出来，等于给别人一个巧妙而有效的赞美”。名字的魅力非常奇妙，每个人都希望别人重视自己，重视自己的名字，就如同看重他本人一样。卡耐基小时候家里养了一群兔子，找寻青草喂食兔子，成为他每天固定的工作。有时候他却没有办法找到兔子最喜欢吃的青草。卡耐基想了一个方法：他邀请了邻近的小朋友到家里看兔子，让每位小朋友选出自己最喜欢的兔子，然后就用小朋友的名字给这些兔子命名。小朋友们有了以自己名字命名的兔子后，每天都会迫不及待地送最好的青草给自己同名的兔子。推销人员在面对客户时，若能经常、流利、以尊重的方式称呼客户的名字，客户对你的好感也将愈来愈浓。

（三）让客户有优越感

想要让人产生优越感，最有效的方法是对于他自傲的事情加以赞美。若是客户讲究穿着，可向他请教如何搭配衣服；若客户是知名公司的员工，可表示羡慕他能在这么好的公司上班。有一位爱普生公司的业务代表，每天约见客户时的第一句话就是："你的公司环境真好，能在这里上班的一定都是很优秀的人才。"通过一句简单的赞扬，一下就拉近了和客户的距离。客户的优越感被满足，初次见面的警戒心也自然消失了，彼此距离拉近，能让双方的好感向前迈进一大步。

（四）替客户解决问题

在与客户见面前，若能事先知道客户面临着哪些问题、有哪些因素困扰着他，能以关切的态度并站在客户的立场上表达对客户的关心，让客户能感受到你愿意与他共同解决问题，对方必定会对你立刻产生好感。

（五）保持快乐开朗

快乐是会传染的，没有一个人会对一位终日愁眉苦脸、深锁眉梢的人产生好感。以微笑迎人，能让别人也产生愉快情绪的人，也是最容易争取别人好感的人。优秀的推销人员认为：我很自信，我很快乐！通过这样一种自我沟通、自我暗示的方法，先让自己愉悦起来，再用这份愉悦和活力去感染他人，这样就为你和客户的沟通奠定了好的基础。

（六）利用小赠品赢得客户的好感

要设法让客户觉得你不是来签合约的业务代表，而是来进行业务宣传、沟通彼此关系的使者。事实上，许多国际性的知名大公司都备有可以配合本公司 CIS 形象策划宣传的小赠品，如印有公司办公大厦的小台历，印有公司 LOGO 的茶杯、签字笔等，供业务代表初次拜访客户时赠送给客户。小赠品的价值不高，却能发挥很大的效力，拿到赠品的客户知道自己受到别人尊重时，内心的好感必然油然而生。

第三篇　礼仪篇

第七章 礼仪概述

第一节 礼仪基本概念

一、礼仪的含义

在欧洲，“礼仪”一词最早见于法语的“etiquette”，原意是“法庭上的通行证”。

无论是在古代还是在现代，为了展示司法活动的威严性，保证审判活动能够合法有序地进行，法庭总是安排得既庄严肃穆，又要求所有进入法庭的人员必须十分严格地遵守法庭纪律。例如，按照我国《刑事诉讼法》和《人民法院组织法》等的规定，为了保证法庭的特有气氛和特殊秩序，开庭之前应由书记员当庭宣读法庭纪律。这些纪律包括：不准大声喧哗，未经审判长许可不准提问，未经法庭许可不准摄影、录像等。

古代的法国法庭也有类似的规定，不过它不是当庭宣读，而是将其写在或印在一张长方形的“etiquette”即通行证上，发给进入法庭的每一个人，作为其进入法庭后必须遵守的规矩或行为准则。

中国是一个具有悠久文化的文明古国，素有“礼仪之邦”的美称。“礼仪”，很早就被作为典章制度和道德教化之用。孔子曰：“不学礼，无以立。”荀子曰：“人无礼则不生，事无礼则不成，国无礼则不宁。”晏子曰：“人之所以贵于禽兽者，以有礼也。”

从字面上看，礼仪是由“礼”和“仪”两个字组合起来的。一般说来，“礼”属于伦理道德范畴，是对人的尊重，是一种道德要求；而“仪”则是表达尊重的交际技巧。与之相关的词通常有：礼、仪、礼貌、礼节、礼仪，它们彼此联系，但也有区别。

（一）礼

“礼之名，起于事神。”东汉许慎所著的《说文解字》对此也作了解释：“礼，履也，所以事神致福也。”也就是说，礼起源于祭祀活动，本意为敬神，表示敬意的活动。繁体字“禮”左边为“示”，谓奉祀之神；右边“豊”，谓奉祀行礼之器，盈满祭器而陈以祀神曰“禮”。由于古代祭祀活动都有一定的规矩和仪式，后来又产生了礼节、礼仪的概念。所以，礼是现实生活中表示敬意的通称，是人们在社会生活中处理人际关系并约束自己行为以示尊重他人的准则。

在古汉语中，“礼”主要包含三层意思：

第一，我国奴隶社会和封建社会的等级制度，以及与之相适应的一整套礼节仪式。如《论语·为政》：“殷因於夏礼，所损益，可知也。”《礼记·曲礼上》：“礼不下庶人，刑不上大夫。”

第二，表示尊敬和礼貌。《左传·襄公二十二年》：“执事不礼于寡君”（执事：指晋国国君。寡君：指郑国国君）。

第三，礼物，即赠送的物品。《晋书·陆纳传》：“及受礼，唯酒一斗、鹿肉一柈。”

《十三经》中的《周礼》《仪礼》《礼记》是三部儒家经典著作。《周礼》是专谈古代政治制度的书，其中的礼是指典章制度；《仪礼》是记录战国以前贵族生活中各种礼节仪式的典籍，其中的礼是指礼节仪式；《礼记》是关于“礼”的论文集，内容庞杂，其中的礼比较接近广义的“礼”的概念。

（二）仪

“仪”既指容貌和外表，又指礼节和仪式。古代“仪”的含义主要有五个方面：法度、准则；典范、表率；形式、仪式；容貌、风度；礼物。

（三）礼貌

礼貌，是人们在交往时，相互表示敬重和友好的行为规范。一般是指在人际交往中，通过言语、动作向交往对象表示谦虚和恭敬。礼貌的本质是对人的体贴和尊重，它侧重于表现人的品质与素养，因此，良好的教养和道德品质是礼貌的基础。一个微笑、一个动作、一句问候，都可以反映出礼貌。一个人只有养成良好的礼貌习惯，才能于举手投足间令人赏心悦目。

（四）礼节

礼节，是指人们在交际场合，相互表示尊重、友好的惯用形式，是礼貌的具体表现方式。礼节与礼貌是相辅相成的，往往表现为具体的言行举止。没有礼貌，礼节就失去了存在的依托；没有礼节，礼貌的内涵就无法展现出来；有了礼貌，就必然伴有具体的礼节。因此，一个人只有讲礼貌、懂礼节，才能表里如一。

（五）礼仪

礼仪是个复合词语，由礼节和仪式两部分构成。它是指在人际交往中，自始至终地以一定的、约定俗成的程序、方式来表现的律己、敬人的完整行为。礼仪最基本的功能就是规范各种行为。如大型的庆典活动、签字仪式、迎宾送客等，均有固定的礼仪程序，对参与人员的仪容仪表、言行举止均有一定的规范和要求。由此可见，礼貌是礼仪的基础，礼节是礼仪的基本组成部分；但礼仪更系统，程序更复杂和规范，也更具文化内涵，而且对一定群体中的人们具有约束力，要求他们自觉遵守。

可见，广义的礼仪，指的是一个时代的典章制度，是高于礼貌、礼节的大概念，包括礼貌、礼节、仪表、仪式、器物等，其内涵更深、更广，是一个系统、一种修养、一种能力。从狭义上讲，礼仪指的是人们在社会交往中由于受历史传统、风俗习惯、宗教信仰、时代潮流等因素的影响而形成，为人们所认同和遵守，以建立和谐关系为目的的各种符合礼的精神、要求的行为准则或规范的总和。狭义的礼仪包括礼节和仪式，即“人类社会交往中应有的礼节仪式”。礼节，即社会公认的待人接物的方法和人与人相处的准则。仪式，是指正式场合用以表示礼节的一系列固定的程式。礼仪是人类为维系社会正常生活而要求人们共同遵守的最起码的道德规范，它是人们在长期共同生活和相互交往中逐渐形成的，并且以风俗、习惯和传统等方式固定下来。它是人们在社会、道德、习俗、宗教等方面的行为规范，是道德修养程度如何的一种外在表现形式。

【小结】礼仪的上述涵义主要表达了以下几层意思：

第一，礼仪是一种行为准则或规范。礼仪表现为一定的章法。所谓“入乡随俗，入境问禁”，就是说当你进入某一地域，你就要对当地的习俗和行为规范有所了解，并按照当地的习俗和规范去行动，这才是有礼的。礼仪与胡作非为是水火不相容的。

第二，礼仪准则或规范是人们约定俗成、共同认可的。在社会实践中，礼仪往往首先表现为一些不成文的规矩、习惯，然后才逐渐上升为大家认可的，可以用语言、文字、动作来作准确描述和规定的行为准则，并成为人们有章可循、可以自觉学习和遵守的行为规范。

第三，讲究礼仪的目的是实现社会交往各方的互相尊重，从而达到人与人之间关系的和谐。在现代社会，礼仪可以有效地展现施礼者和受礼者的教养、风度与魅力，它体现着一个人对他人和社会的认知水平、尊重程度，是一个人的学识、修养和价值的外在表现。一个人只有在尊重他人的前提下，自己才会被他人尊重。所以，从某种意义上可以说，遵守礼仪是人获得自由的重要手段和途径之一。

拓展

中国古代的“五礼”

在古代中国，礼深入到社会的每一个层面，因而礼的名目极为繁冗。《中庸》有“礼仪三百，威仪三千”之说。《尚书·尧典》说尧东巡守，到达岱宗时，曾经“修五礼”。《尚书·皋陶谟》也有“天秩有礼，自我五礼有庸哉”的话，但都没有具体说是哪五礼。《周礼·春官宗伯·大宗伯》将五礼坐实为吉礼、凶礼、军礼、宾礼、嘉礼。由于《周礼》在汉代已经取得权威地位，所以其五礼分类法为社会普遍接受。后世修订礼典，大体都依吉、凶、军、宾、嘉为纲，如北宋礼典就称《政和五礼新仪》。实际上《明会典》《大清会典》也是如此，只是没有冠以“五礼”的名称。

（一）吉礼

吉礼是指祭祀之礼，居五礼之首。古人祭祀为求吉祥，故称吉礼。《周礼·春官宗伯·大宗伯》说“以吉礼事邦国之鬼神示”，将祭祀对象分为天神、地示（音 qi）、人鬼三类，每类之下再细分为若干等。

1. 天神。受祭的天神不仅很多，而且有尊卑之别，《周礼》分之为三等。第一等是昊天上帝，或称天皇大帝，为百神之君、天神之首。古代只有天子可以祭天；诸侯有国，但不得祭天。祭天是国家最重大的典礼。每年冬至，天子在国都南郊的圜丘，用“禋祀祀昊天上帝”。祭天的仪式经过精心设计，一名一物，无不含有深意。例如，天为阳，而南方为阳位，所以祭天的地点要在南郊；天圆地方，所以祭天之坛要建成圆形；冬至是阴尽阳生之日，所以祭天必须在冬至，等等。第二等是日月星辰。日月星辰附丽于天，垂象著明莫过于日月，日月之明就是天之明，所以必须祭祀；“星辰”是指五纬（金、木、水、火、土五大行星）、十二辰和二十八宿，是与民生关系最为密切的天体。第三等是除五纬、十二辰、二十八宿之外，凡是职有所司、有功于民的列星，如司中、司命、风师、雨师等。

2. 地示。对地示的祭祀，也依照尊卑分为三等。第一等是社稷、五祀、五岳，用血祭祭祀。社是土神；稷是百谷之主；五祀是五行之神；五岳指东岳岱宗（泰山）、南岳衡山、西岳华山、北岳恒山、中岳嵩山，被认为是天下五方的镇山。第二等是山林、川泽，“以貍沈祭”。此类祭祀的对象还有社稷、城隍、四方山川、五祀、六宗等。第三等是四方百物，用疈辜之祭。四方百物，是指掌管四方百物的各种小神。

3. 人鬼。人鬼之祭，主要是对祖先的祭祀。后世的人鬼之祭并不限于先祖，还包括历代帝王、先圣先师、贤臣、先农、先蚕、先火、先炊、先医、先卜等。

(二) 凶礼

《周礼·春官宗伯·大宗伯》说：“以凶礼哀邦国之忧”。凶礼是指救患分灾的礼仪，包括丧礼和荒礼两大类，细目则有丧礼、荒礼、吊礼、禬(音 hui) 礼、恤礼五种。

1. 丧礼。丧礼是古代礼仪中最为重要的礼仪之一，其核心是通过对死者遗体的处理，来表达对死者的敬爱追悼之情。

2. 荒礼。荒是指年谷不熟，也就是通常说的荒年(《周礼》所说的荒还包括疫病流行在内)。当邻国出现灾荒或传染病，民众面临生存危机时，应该用一定的方式表示同忧，或者直接贷给饥民粮食。如《礼记·曲礼》所说：“岁凶，年谷不登，君膳不祭肺，马不食谷，驰道不除，祭事不县。大夫不食粱，士饮酒不乐。”

3. 吊礼。邻国遭遇水火之灾，应该派使者前往吊问。

4. 禬礼。禬是会合财货的意思。邻国被敌国侵害，发生祸难，导致重大物质损失，兄弟之国应该凑集钱财、物品给予救助。

5. 恤礼。恤是忧的意思。邻国发生外患内乱，应该派遣使者前往慰问。

(三) 军礼

军与征战相关，军队的组建、管理等也都离不开礼的原则。例如，军队的规模，天子有六军；根据“礼有等差”的原则，诸侯的军队不得超过六军，并且必须与国力相称，大国三军，次国二军，小国一军。当时的军力往往用战车的多少来衡量，所以又有天子万乘、诸侯千乘、大夫百乘的说法。军队必须按照礼的原则，严格训练，严格管理。《礼记·曲礼》说：“班朝治军，莅官行法，非礼威严不行。”《周礼·春官宗伯·大宗伯》中的军礼，包括大师之礼、大均之礼、大田之礼、大役之礼、大封之礼五种。

1. 大师之礼。大师之礼，是天子亲自出征的礼仪。天子御驾亲征，威仪盛大，是为了调动国民为正义而战的热情，所以《周礼》说：“大师之礼，用众也。”郑玄注说：“用其义勇也。”

2. 大均之礼。据《周礼·地官司徒·小司徒》，古代的军队建制，以五人为一伍，五伍(二十五人)为一两，四两(一百人)为一卒，五卒

（五百人）为一旅，五旅（二千五百人）为一师，五师（一万二千五百人）为一军。国家根据这一建制“以起军旅”（征兵），同时“以令贡赋”（分摊军赋）。也就是说，应征的士兵必须自备车马、盔甲等，出则为兵、入则为民。大均之礼意在平摊军赋，使民众负担均衡。

3. 大田之礼。古代诸侯都亲自参加四时田猎，分别称为春蒐、夏苗、秋狝、冬狩，故称大田之礼。田猎的主要目的是检阅战车与士兵的数量、作战能力，演练未来战争中的协同配合。

4. 大役之礼。大役之礼是为了营造宫邑、堤防等而役使民众。大役之礼要求根据民力的强弱分派任务，这也就是孔子所说的“为力不同科”的思想。

5. 大封之礼。诸侯相互侵犯，争夺对方领土，使民众流离失所。当侵略一方受到征讨之后，都要重新封土植树，确认原有的疆界，聚集失散的居民。

（四）宾礼

在宗法社会中，天子与诸侯之间大多有亲戚关系，为了联络感情，彼此亲附，需要有定期的礼节性的会见。宾礼就是天子、诸侯接待宾客的礼仪。

（五）嘉礼

“嘉”是“善、好”的意思。嘉礼是按照人心之所善者制定的礼仪，故称嘉礼。嘉礼的范围很广，除饮食之礼、婚冠之礼、宾射之礼、燕飨之礼、脤膰之礼、贺庆之礼外，还包括正旦朝贺礼、冬至朝贺礼、圣节朝贺礼、皇后受贺礼、皇太子受贺礼、尊太上皇礼、学校礼、养老礼、职官礼、会盟礼，乃至观象授时、政区划分等等。

二、礼仪的基本原则

（一）律己

礼仪规范由对待个人的要求和对待他人的做法两大部分构成。对待个人的要求，是礼仪的基础和出发点。学习、应用礼仪，最重要的就是要自我要求、自我约束、自我控制、自我对照、自我反省、自我检点。

（二）敬人

在礼仪中，有关对待他人的规范，比个人的自我约束更重要，这实际上就是礼仪的重点和核心。而对待他人的诸多做法中最重要的一条，就是要常存敬人之心，处处不可失敬于人，不可伤害他人的尊严，更不能侮辱他人的人格。掌握了这一点，就等于掌握了礼仪的灵魂。

（三）宽容

人们在交际交往活动中运用礼仪时，既要严于律己，更要宽以待人。

要多容忍他人，多体谅他人，多理解他人，千万不要求全责备、斤斤计较、过分苛求、咄咄逼人。

（四）平等

平等是礼仪的核心，即尊重交往对象，以礼相待，对任何交往对象都一视同仁，给予同等程度的礼遇。不因交往对象彼此之间在年龄、性别、种族、文化、身份、财富等方面的差异以及关系的亲疏远近而厚此薄彼。

（五）真诚

在人际交往中运用礼仪时，务必诚实无欺，言行一致，表里如一，不逢场作戏。只有如此，自己在运用礼仪时所表现出来的对交往对象的尊敬与友好，才会更好地被对方理解并接受。

（六）适度

“礼”字古时通“履”字，意为鞋子。脚穿上鞋后更好走路，但鞋大了不行，小了也不行，因此“礼”一定要适度。这就要求在应用礼仪时，为了保证取得成效，必须注意技巧和规范，特别要注意做到把握分寸，认真得体。

（七）从俗

由于国情、民族、文化背景的不同，必须坚持“入乡随俗，入境问禁”，尊重习俗原则与风俗禁忌，不可以目中无人、自以为是。

故事

印度官方代表团前来我国某城市进行友好访问，我方为了表示诚意，有关方面做了积极的准备，就连印度代表团下榻的饭店里，也专门换上了舒适的牛皮沙发。可是，在我方的外事官员事先进行例行检查时，这些崭新的牛皮沙发却被责令立即撤换掉。原来，印度人大多信仰印度教，而印度教是敬牛、爱牛、奉牛为神的，因此，无论如何都不应当请印度人坐牛皮沙发。

三、礼仪的分类

关于礼仪的分类，名目繁多。目前比较通行的有“二类五分支”法，即行业礼仪与交往礼仪两大类和政务、商务、服务、社交、涉外礼仪五分支。这种分法难免有挂一漏万之嫌。因为礼仪无时不在、无处不有、无人不需，礼仪绝不局限于工作与交往之中，更不是五个分支可以概括得了的。如有政务、商务、服务礼仪，那么，工人、农民、军人、学生等的非交往行为能归入这三个分支中吗？所以我们认为，以形象礼仪、职业礼仪、交往礼仪三类来划分，较为适宜。

形象礼仪：包括个人形象与所在环境形象礼仪规范，以个人形象礼仪为主。

职业礼仪：包括各行各业从业人员的礼仪规范。

交往礼仪：包括人与人、人与社会、人与自然，以及社会组织之间、国与国之间的交往时应遵循的礼仪规范。

四、礼仪的作用

古人云："国尚礼则国昌，家尚礼则家大，身有礼则身修，心有礼则心泰。"这说明礼仪对于个人修养、社会和睦、民族复兴乃至国家昌盛的重要性。学礼、知礼、用礼不仅是每个具有现代意识的人的主观意愿，而且也是社会生活的客观需要。

第一，礼仪有助于提高人们的自身修养，美化生活。

在人际交往中，礼仪是衡量一个人文明程度的准绳。礼仪是一种无声的人际交往语言，它能反映出一个人的气质风度、道德修养和精神风貌，是一个人内在素质和外在形象的具体体现。可以说，礼仪即教养。当人们都抱着与人为善的动机为人处世，以文明有礼的准则约束自己时，就会保持心底坦荡、身心愉悦的心情。

第二，礼仪有助于促进和改善人际关系。

礼仪是人际交往的润滑剂和黏合剂，能够帮助人们规范交际活动，更好地向交往对象表达自己的尊重、敬佩、友好和善意，增进彼此之间的了解与信任，使不同群体的人与人之间相互敬重、相互理解、求同存异、和谐相处。

第三，礼仪有助于推进社会主义物质文明和精神文明建设。

礼仪可以促进从业人员爱岗敬业、诚实守信、互助友爱，可以帮助人们实现理想、走向成功，从而推动各项事业的发展。礼仪与社会主义核心价值观及"五讲四美"的社会主义精神文明建设内容高度契合，因此，学习、运用礼仪，可以提高社会主义精神文明建设的水平。

第二节　中华传统礼仪

中国素称"礼仪之邦"，"礼"在社会中无时不在、无处不有。"礼"深含人类对宇宙天地的敬畏，对德性的向往，对和谐的追求，对人本身的期望和宽容，对美好生活的期待，对审美情趣的重视和培养，以及对和谐社会秩序的渴望。"礼，经国家，定社稷，序民人，利后嗣者也。"（《左传·隐公十一年》)《周官》中的官制设计在古代一直是政府机构的主要蓝本。礼仪在古代社会规范着人的道德和行为，也是文明的象征，是中华民族优秀的传统文化之一。礼仪在历史上被不断地修正、完善、继承和发扬。《周礼》《仪礼》《礼记》三部专门阐述礼的经典著作在中华文化中有举足轻重的地位。

这里仅就日常生活中的礼仪择要介绍。

一、行走之礼

古代常行“趋礼”，即地位低的人在地位高的人面前走过时，一定要低头弯腰、小步快走。行走礼仪中，还有“行不中道，立不中门”的原则，即走路不可走在路中间，应该靠边行走；站立不可站在门中间。这样既表示对尊者的礼敬，又可避让行人。

二、见面之礼

作揖

双手叠抱胸前致意之礼，视对象稍有分别。一般双手叠抱举前轻轻晃动，身略前倾，表示问候、致谢、邀请、讨教等，同时常伴以谦词。叠抱之手上下大划称为“长揖”，屈身行之称为“打躬”。

人们日常见面既要态度热情，也要彬彬有礼。如何与不同身份的人相见，都有一定的规矩。比如一般性的打招呼，行拱手礼。拱手礼是最普通的见面礼仪，表示一般性的客套。如果到别人家里做客，在进门与落座时，主客相互行礼谦让，这时行的是作揖之礼。作揖礼在日常生活中最为常见，也是最具中国味的礼仪。除了上述社交场合外，向人致谢、祝贺、道歉及托人办事等也常行作揖礼。身份高的人对身份低的人回礼也常行作揖礼。社会对至尊者还有跪拜礼，即所谓叩首。

三、入座之礼

社会礼仪秩序井然，坐席亦有主次尊卑之分，尊者上坐，卑者末坐。何种身份坐何位置都有一定之规，如果盲目乱坐，弄错席位，不仅主人不高兴，自己事后也会为失礼之事追悔莫及。如果自己不能把握坐何种席次，最好的办法是听从主人安排。入座的规矩是，饮食时身体尽量靠近食案，非饮食时，身体尽量靠后，所谓“虚坐尽后”。有贵客光临，应该立刻起身致意。

四、饮食之礼

饮食礼仪在中国古代占有极重要的位置，在先秦，人们便“以飨燕之礼亲四方宾客”。迎宾的宴饮称为“接风”“洗尘”，送客的宴席称为“饯行”。宴饮之礼无论迎送都离不开酒品，“无酒不成礼”。宴席上饮酒有许多礼节，客人需待主人举杯劝饮之后，方可饮用，所谓“与人同饮，莫先起觞”。客人如果要表达对主人盛情款待的谢意，也可在宴饮中举杯向主人敬酒。在进食过程中，需先有主人执筷劝食，客人方可动筷，所谓“与人共食，慎莫先尝”。古代还有一系列进食规则，如“当食不叹”“共食不饱、共饭不泽手”“毋投骨于狗”等。主客相互敬重，方能营造和谐进食、文明进食的良好氛围。

五、奉茶之礼

古代历来就有“客来敬茶”的民俗，齐世祖、陆纳等人曾提倡以茶代酒。唐朝刘贞亮赞美“茶有十德”，认为饮茶除了可健身外，还能“以茶表敬意”“以茶可雅心”“以茶可行道”。唐宋时期，众多的文人雅士不仅酷爱饮茶，而且还在自己的佳作中描写、赞美过茶叶。最基本的奉茶之道，就是客人来访马上奉茶。奉茶前应先请教客人的喜好。俗话说：酒满茶半。奉茶时应注意：茶不要斟得太满，以八分满为宜；水温不宜太烫，以免客人不小心被烫伤。

六、拜贺庆吊之礼

中国自古以来就是一个人情社会，人们相互关怀、相互体恤，在拜贺庆吊中有许多仪礼俗规。

拜贺礼一般行于节庆期间，是晚辈或地位低的人向尊长的礼敬，同辈之间也有相互的拜贺。行拜贺礼时，不仅应态度恭敬，口诵贺词，俯首叩拜，同时也得有贺礼奉上。

庆吊之礼，主要行于人生大事中。人的一生要经历诞生、成年、婚

嫁、寿庆、死亡等，围绕着这些人生节点，形成了一系列人生礼仪。子孙繁衍是家族大事，诞生礼自然隆重热闹。婴儿满月时，亲戚朋友纷纷上门恭贺，并馈赠营养食品与幼儿鞋帽衣物等。小孩长大成人时要行成年礼，称为冠笄之礼。男子 20 岁行加冠礼，重新取一个名号，表示该男子具有了结婚、承担社会事务的资格；女子 15 岁行绾发加笄礼，表示到了可以出嫁的年龄。婚嫁是人生的大事，人们十分看重。婚礼有六道程序，所谓“周公六礼”，即纳采、问名、纳吉、纳征、请期、亲迎等。宋代简化为纳采、纳币、亲迎三礼。婚礼的高潮在亲迎，新郎要到新娘家亲自迎娶新娘，新婚夫妇拜堂之后入洞房，行结发礼与合卺礼。大婚之日，亲友纷纷前来恭贺，主人要大宴宾客。寿庆礼，一般在四十岁以后开始举行。生日那天有庆生仪式，亲友送寿礼致贺。最后一道人生仪礼是丧礼。中国人重视送亡，丧礼发达。人死于正命，是白喜事，亲戚朋友都来吊唁。为了表示哀悼之情，人们要奉上挽联、挽幛或礼品、礼金。亡者一般在三五天内入殓安葬。

中国人的礼制精神是亲亲爱人，礼仪原则是自卑尊人。在与人交往时要放低姿态，谦恭待人、尊重他人，以赢得他人的尊重。如果地位高的人屈尊结交比自己地位低的人，会得到很好的社会效果，“若要好，大敬小”。敬人不仅是礼貌的姿态，或仅为礼仪性的表示，而是要有发自内心地对他人的尊重。如果没有发自内心的恭敬，礼节就成为虚套，这就不符合礼仪的内涵了。礼俗中诚敬谦让、和众修身的礼仪原则，在当代社会仍然值得提倡。当然，对礼俗的继承是一个复杂问题，需认真辨析，择善而从。

第八章 形象礼仪

形象是一个人的外表，包括妆容、发型、穿衣打扮、配饰、举止等是否得体。维系人们正常交往的纽带首先就是形象。在人际交往中，个人形象始终是一种信息，在不知不觉中已经传递给了对方。在高度开放的信息时代，给人的“第一印象”是相当重要的。行为心理学家曾做过一个实验，证明了人们接触的前四分钟是形成人们知觉的至关重要的时间区域。这四分钟的知觉如何，会影响到以后交往的一个相当长的时期，甚至影响交往的全过程。这种知觉效应，心理学上叫“晕轮效应”，也称“光环作用”。当然，由于人们的印象形成过程始于通过感官察觉对方，受主观认识能力和客观复杂性的限制，主客观不可能总是完全一致的，难免会以点概面或以偏概全，产生大量不准确的，甚至虚假、错误的印象。这就要求人们自觉地加强修养，有效地运用礼仪规范，准确地表现自我。

形象礼仪指个人的外表和礼节仪态，亦指某个团体的整体风格和礼节仪式。形象礼仪往往反映出一个人教养、素质的高低。整洁的仪容，得体的服饰，高雅的举止，必定会给对方留下深刻而又美好的印象，从而赢得对方对自己的尊重，或对自己所代表的组织的尊重与信任，最终达到社交的目的。

第一节 仪容礼仪

仪容，通常是指人的外观、外貌，主要是指一个人的容貌，包括发式、面容及身体未被服饰遮掩的肌肤部分。一个人的仪容，主要受到以下两大要素的制约：第一，本人的先天条件。人的容貌通常主要受制于血缘遗传。第二，本人的修饰与维护。修饰与维护，对于仪容的优劣往往起着重要的作用。从这个意义上说，仪容指的是按照社会审美观念进行修饰后，符合礼仪规范的容貌。所以，仪容美，一是自然美。先天条件好，容貌出众，会令人赏心悦目，感觉愉快。二是修饰美。依照规范与个人条件，对仪容施行必要的修饰，扬其长、避其短，设计、塑造出美好的个人形象，在人际交往中尽量令自己显得有备而来，自尊自爱并尊重他人。三是内在美。通过努力学习，不断提高个人的文化、艺术素养和思想、道德水准，培养出高雅的气质与美好的心灵，使自己秀外慧中、表里如一。真正意义上的仪容美，应当是上述三个方面的高度统一，忽略其中任何一个方面，都会使仪容美失之于偏颇。在这三者之间，仪容的内在美是最高的境界，仪容的自然美是人们的心愿，而仪容的修饰美则是仪容礼仪关注的重点。

一、仪容修饰

仪容修饰的主要内容包括发型、面部和肢体的修饰。

（一）发型修饰

头发是美的“制高点”，是个人形象中最能体现个性特征的部位。在人际交往中，人们对他人的判断，往往是从“头”开始的。日本著名企业家松下幸之助每次做头发都一定要到东京最高级的发型屋去，不是因为他有钱，而是因为他认为，个人形象代表了企业形象。如果身为企业的领导，给人以不修边幅的印象，那么，人们一定会认为这个企业的产品质量低劣，对企业产生不信任的感觉。可见，作为一名职业人员，一定要根据自身的形象、身份、职业、性别、年龄来设计发型，力求既符合职业需求，又符合审美需要。

发型修饰的基本原则是：整洁，长度适中，款式得当。

1. 整洁

头发整洁、干净，是最基本的仪容要求。要做到这一点，就要勤洗头、定期理发和护理。一头秀发，容光焕发，可以给个人形象增添许多光彩。

2. 长度适中

除了特殊行业人员和特殊民俗风情外，男士头发长度的基本原则是“前发不覆额，侧发不掩耳，后发不及领”。一头飘逸的长发是女性美的象征；但在职业场合，也不宜过长超过肩部，更不宜“披头散发”，最好编个辫子、扎个发髻，或者用发卡、发箍把它束起来；短发也未尝不可，显得干净利落、有精神。

3. 款式得当

发型在一定程度上是时代的留影，历来也是人们审美情趣的中心。它既是保护、美化头部的能动因素，又是修饰面部审美格调的“重头戏”。选择合适的款式，要考虑以下因素：

（1）职业性与流行性：选择发型款式时首先必须考虑自己的职业，即应以工作为重，做到发型与工作性质相称。职业场合的发型切勿过分追求潮流，也不能太过守旧，与时代脱节。

（2）实用性与美观性：职业人员发型的朴素端庄不等于落伍守旧，追求实用不等于抛弃美观。无论是在造型还是在梳理方式上，都应当符合现代审美观念。男士应当展示出符合时代要求的阳刚之气、潇洒帅气、儒雅大气；女士则应端庄持重、干练大方而不失柔美。

（3）个性与特性：发型要适合个人的性格特点和身体特征，并与追求的风格和谐统一，方能表现出一个人高雅的品位和含蓄的风度。每个人的发质、脸型、体型、服装追求各异，以及生活背景、从业环境、审美观念不同，在发型的选择上必然存在着差异，不应一味追求职业的共性而放弃个性的追求，也不宜不顾自身条件盲目追求所谓的“个性”。

（二）面部修饰

面部修饰除了整洁之外，多余的毛发要注意修剪。若无特殊的宗教信仰和民族习惯，男士不要留胡子，要养成每日剃须的习惯。同时，通过眼部、口部、鼻部和耳部的修饰，使整个面部显得整洁、卫生、简约、端庄。

1. 眼部修饰

“眼睛是心灵的窗户”，应保持眼部的清洁。女性可适当修眉或绣眉。人们为了矫正视力、保护眼睛或追求时尚，常常会佩戴一副眼镜。从礼仪的角度讲，佩戴眼镜，一是眼镜的质量、款式要适合自己；二要注意保持眼镜的清洁；三要注意佩戴墨镜（太阳镜）的礼规。墨镜主要适合在室外佩戴，以防紫外线损害眼睛，在室内工作或进入他人办公室、居室时，应及时摘下。

2. 口部修饰

口部修饰首先是注意口腔卫生，做到无异物、无异味。要经常刷牙、漱口。刷牙要做到“三个三”，即每天刷三次，每次刷牙用时三分钟，舌面、颊面和咬合面三个部位都要刷到。与人交往应酬前应禁食容易产生异味的食物，如葱、蒜、韭菜、腐乳及烈酒等，也不要吸烟，必要时可含茶叶、口香液以消除异味。

3. 鼻部和耳部修饰

鼻部是面部的敏感区，清理鼻垢时，应回避他人，不要当众擤鼻涕、挖鼻孔，同时要注意及时修剪鼻毛。耳部修饰主要是及时清除耳垢和修剪耳毛。

（三）肢体修饰

1. 上肢修饰

上肢即手臂。手通常被称为人的第二张脸。在人际交往中，无论是握手寒暄、递送名片、献茶敬茶，还是垂手恭立，手始终都处于醒目之处。

有一双清洁、柔软的手，能增添他人对自己的好感。根据礼仪的需求，手部修饰应做到：勤剪指甲，养成“三日一修剪，一日一检查”的良好习惯；非特殊情况一般不宜在手指甲上涂抹彩色指甲油，也不宜在手背、胳膊上使用贴饰、刺字或者刻画；不穿裸露肩部或外露腋毛的上衣，女性有必要穿无袖装时，要先剃去腋毛。

2. 下肢修饰

在人际交往中常有“远看头，近看脚”的习惯，对下肢也须保洁与修饰，避免“凤凰头、扫帚脚”。下肢的保洁，一要勤洗脚，二要勤换鞋袜，以免产生异味。同时下肢要适度掩饰，做到不裸腿、不赤脚、不露趾，在正式的场合，不穿凉鞋和拖鞋。

二、化妆

广义来讲，使用任何一种化妆品，如洗发水、洗面奶、防晒霜、防裂膏等，都是化妆；刷牙、洗头、梳头等也是化妆。狭义的化妆，通常是指女士的美容，如使用胭脂、唇彩、睫毛膏等妆饰品修饰容颜。在人际交往中，化妆是一种礼貌，是对交往对象的尊重。女士化妆的基本礼仪有：

第一，自然。要化淡妆，不要浓妆艳抹。化妆的最高境界是：化妆之后，自然而然，没有痕迹，让别人觉得你天生丽质。

第二，协调。包括以下三个方面的协调：其一，使用的化妆品要成系列，不至于串味；其二，化妆的各个部位要协调，如甲彩与唇彩最好是一个色系；其三，与服饰相协调，如围巾与唇彩最好是一个色系，过渡自然，和谐美。

第三，避人。化妆是一种个人隐私行为，要私密处理，不要“当众理云鬓”。

第四，勿残妆示人。化妆要有始有终，维护妆面的完整性。化妆后要常做检查，特别是在休息、用餐、饮水、出汗、更衣之后，要及时自查妆容，发现妆面残缺，要及时抽身补妆，切莫以残妆示人。

第二节　服饰礼仪

孔子曰：“见人不可不饰。不饰无貌，无貌不敬，不敬无礼，无礼不立。”

服饰是一种文化，穿着是一门艺术。着装大方和整洁会让人具备一种无形的魅力。得体的服饰装扮可以“画龙点睛，烘云托月”，将人体的曲线美、协调美、韵律美衬托得更加光彩照人，把女性的天生丽质与男士的俊秀潇洒展示得更加淋漓尽致。服饰还是一种语言，它在表达对人的尊重的同时，还表达了一个人的社会地位、文化品位以及生活态度等。

服饰包括服与饰，即着装与饰品佩戴。

一、着装礼仪

（一）着装礼仪的 TPO 原则

着装礼仪除了整洁、文雅、和谐、个性等要求外，还要遵守“TPO”的基本原则。TPO 是时间（Time）、地点（Place）和场合（Occasion）三个英语单词的首字母组合。它要求人们的着装及其具体款式与时间、地点、场合协调一致，和谐般配。

“T”代表时间。时间既指一年春、夏、秋、冬四季的交替，也包括一天早、中、晚 24 小时的变化，以及人生的不同年龄阶段。显而易见，在不同的时间里，着装的类别、式样、造型应有所变化。比如，冬天要穿保暖、御寒的冬装，夏天要穿通气、吸汗、凉爽的夏装；白天穿的衣服需要面对他人，应当合身、严谨；晚上穿的衣服不为外人所见，可宽大、随意；等等。

“P”代表地点。人们置身在室内或室外，驻足于闹市或乡村，停留在国内或国外，身处于单位或家中，着装的款式理当有所不同，切不可以不变而应万变。例如，在海滨浴场穿泳装是司空见惯的，但若是穿着它去上班、逛街，则肯定会令人哗然；在很多地方，一位少女只要愿意，随时可以穿小背心、超短裙，但若是以这身行头出现在着装保守的阿拉伯国家，就显得不尊重当地人了。

“O”代表场合。在结婚庆典、节日纪念等喜庆场合，着装应热烈、明快、华丽一些；而殡葬、吊唁等悲哀肃穆的场合，着装颜色则要求以黑色或其他深色、素色为主，切忌穿红着绿，以免显得轻佻、不庄重。通常情况下，职业场合，要求庄重、保守；社交场合，可以时尚、个性；休闲场合，追求舒适、自然。一个人身着款式庄重的服装前去应聘新职、洽谈生意，说明他郑重其事、渴望成功；若选择款式暴露、性感的服装，则表示自视甚高，对求职、生意的重视，远远不及对自我的重视。同样，女士穿西式套裙去办公事，主要是为了使自己显得成熟稳重；穿着旗袍去赴宴，意在展示自己所独具的女性魅力，而穿上一身休闲装与友人郊游踏青，则是为了平易近人、使同行者感到轻松愉快。

（二）男士西装礼仪

西装是一种国际性服装，也是最为常用的男士正装。人们常说西装“七分在做，三分在穿”。一套合体的西装，可以使着装者显得潇洒、精神、风度翩翩。职业男士着西装应遵守以下礼仪规范：

1. 穿好衬衫

衬衫是与西装配伍的重点。衬衫通常为单色，以无图案为最佳，白色为首选；衬衫的面料应为高织精纺的纯棉、纯毛面料，或以棉、毛为主要成分的混纺面料；领子要挺括，以方领为宜。衬衫下摆要放在裤腰里，系好领扣和袖扣。衬衫衣袖要稍长于西装衣袖 0.5～1cm，领子要高出西装领子 1～1.5cm，以显示衣着的层次。

2. 系好领带

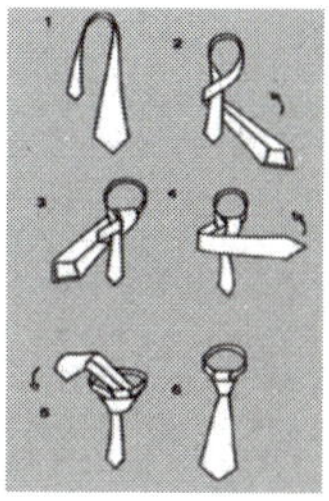

领带是男士衣着品位和绅士风度的象征。在正式场合，穿西装都须系领带；反之，没穿西装，大可不必系领带。领带面料一般以真丝、纯毛为宜；颜色应与西装及自己的年龄、肤色、爱好相协调；领结要饱满，与衬衫的领口吻合、紧凑；长度以系好后下端正好触及皮带扣上端为标准。领带夹一般夹在衬衫第三粒与第四粒纽扣间，西装扣好纽扣后，不能使领带夹外露；一般情况下，非重要人物和特殊职业人士不使用领带夹。

3. 用好衣袋

西装上衣两侧的口袋以及裤袋只作装饰用，不可装物品；左胸部的衣袋只可放装饰手帕。票夹、名片盒可放在上衣内侧衣袋里。

4. 扣好纽扣

双排扣的西装要把纽扣全部扣上，以示庄重。单排两粒扣，只扣上面一粒；单排三粒扣则扣中间一粒；单排扣的西装也可以全部不扣。

5. 穿好皮鞋

按照“西装革履”的要求，穿西服一定要穿皮鞋，配黑色系牛皮鞋为宜，并保持鞋面的清洁光亮。

6. “三个三”原则

（1）三色原则：全身服装的颜色不超过三种。

（2）三一定律：皮鞋、腰带、皮包要同一颜色。

（3）三大禁忌：一是西装左袖的商标没有拆；二是穿半透明或白色的尼龙或涤纶丝袜；三是使用领带出现错误。

（三）职业女性西服套裙礼仪

“云想衣裳花想容”，相对于偏于稳重、单调的男士着装，女士的着装则亮丽、丰富得多。得体的穿着，不仅可以使女性显得更加美丽，还可以体现出一个现代文明人良好的修养和独到的品位。西服套裙指上装为西装、下装为开衩直筒裙的组合搭配方式，是女性的标准职业着装。它把潇洒、刚健的西装上衣和柔美、雅致的裙子结合在一起，刚柔相济、相得益彰，顿显白领女性的神秘韵味。职业女性着西服套裙应遵循以下规范：

1. 讲究面料

正式场合穿着的西服套裙，应该由高档面料缝制，上衣和裙子要采用同一质地的素色面料。衬衣要求轻薄而柔软，如真丝、麻纱、府绸、罗布为佳。

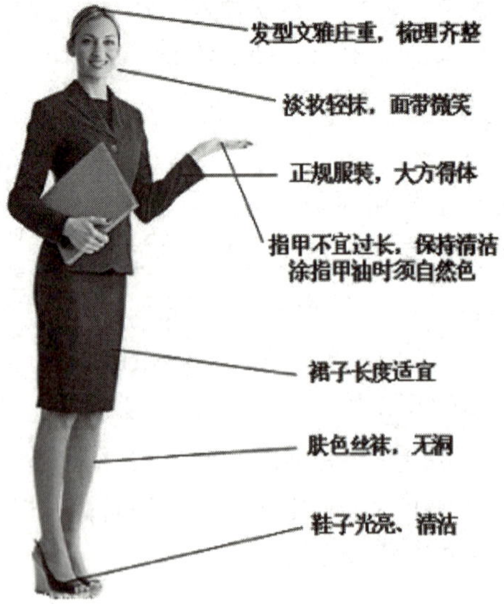

2. 搭配合理

西服套裙同样遵守“三色原则”，切忌过分杂乱、过分鲜艳。西服套裙以冷色调为主，借以体现出着装者的典雅、端庄与稳重。衬衫以白色为主；应搭配高跟、半高跟的船式皮鞋或盖式皮鞋；袜子最好是肉色的高筒袜或连裤袜。

3. 尺寸适度

上衣不宜过长，最短可以齐腰；下裙不宜过短，应触及小腿。切忌过分短小、过分紧身。

二、饰品礼仪

饰品，是指能够起到装饰、点缀作用的物件，主要包括服装配件（如帽子、领带、胸花、手套等）和首饰（如戒指、项链、耳环、手镯等）两类。它可以在服饰中起到烘托主题和画龙点睛的作用。饰品礼仪的基本原则如下所述。

（一）符合身份

饰品的选择应和穿戴者的身份及所处的场合相协调。假如一位女性服务人员在餐厅里为顾客上酒水时，戴一枚硕大的钻戒，与顾客所戴的首饰相比，“贵压群芳”，不免有跟客人攀比之嫌。学生在校学习期间，也不宜佩戴首饰。

（二）以少为佳

佩戴饰品时应遵循少而精的原则，不能一味贪多求全，否则不仅影响饰品的美饰效果，还会显得杂乱无章。一般来说，全身饰品不宜超过三个品种；每一品种的饰品，则不应超过两件。

（三）搭配和谐

为了真正体现饰品画龙点睛的作用，在佩戴时一定要与自身条件和着装相协调。例如，手指肥大者，应挑选起角和不对称的戒指；修长纤指，则适宜戴较宽的戒指。

（四）同质同色

佩戴两种或两种以上的饰品，要同质同色，即质地、色彩相同。

（五）扬长避短

饰品的佩戴应充分正视自身的形体特点，如体形、肤色、脸型、发型、年龄、气质等，努力使首饰的佩戴为自己扬长避短。例如，脸部清瘦且颈部细长的女性，宜戴短项链，脸部就不会显得太瘦，颈部也不会显得太长；脸圆而颈部粗短的女性，最好戴细长的项链，项链中间有一个显眼的大型吊坠，效果会更好；椭圆形脸的女性最好戴中等长度的项链，这种项链在颈部形成椭圆形状，能够更好地烘托脸部的优美轮廓。

（六）遵守习俗

不同地区、不同民族，饰品的寓意和习俗有所不同，要了解寓意并且尊重习俗，避免尴尬。如戴戒指国际上比较流行的做法和象征意义是：拇指通常不戴戒指；戒指戴在食指表示求爱或求婚，戴在中指表示正在热恋中，戴在无名指表示已婚，戴在小拇指表示单身或独身主义者。

总之，饰品起点缀作用，讲究的是精妙典雅。佩戴得当，可以提升自己的品位；不恰当地佩戴便显庸俗。

第三节　体姿礼仪

体姿，就是人的身体姿态，又称仪态，包括人的站姿、走姿、坐姿、手势和面部表情等。“站如松、坐如钟、行如风、卧如弓”，这是我国古人对人体姿势的要求，从仪态美角度来说也是适用的。

一、站姿礼仪

在人际交往中，站姿是全部仪态的核心，“站有站相”是对一个人体姿礼仪修养的基本要求，良好的站姿能衬托出美好的气质和风度。如果站姿不够标准，其他体姿就谈不上优美。

（一）站姿礼仪的基本要求

正确优美的站姿，会给人以挺拔向上、舒展俊美、庄重大方、亲切有礼、精力充沛的印象。站姿礼仪的基本要求是：抬头，挺胸，收腹，立腰，平肩；下颌微收，嘴唇微闭，双目平视前方，面带微笑，表情自然；双肩放松，气向下压，身体有向上“提”的感觉，自然呼吸；双臂放松，自然下垂于体侧，虎口向前，掌心向内轻触裤缝，手指自然弯曲；两腿并拢立直，收臀提髋，两膝和脚跟靠紧，脚尖分开呈“ V”字形，身体重量平均分布在两条腿上，重心置于双脚的后部。

男士的站姿要稳健，以显示男性刚健、强壮、英武、潇洒的风采，通常可采取双手相握，叠放于腹前的前腹式站姿；或将双手背于身后，然后相握的后背式站姿；双脚可稍许叉开，与肩部同宽。女士的站姿要柔美，所谓“亭亭玉立”，以体现女性轻盈、妩媚、娴静、典雅的韵味，通常可以将右手搭在左手上，采用前腹式站姿；双腿要基本并拢，脚位应与服装相适应，穿紧身短裙，脚跟靠紧，脚掌分开呈“V”状或“Y”状（即“丁字步”），穿礼服或旗袍，可双脚微分。当然，日常生活中，各种场合的站姿应依时间、地点、场合的不同而有所变化。但不论何种站姿，只是改变脚部姿势或角度，身体仍须保持挺直，使站姿自然、轻松、优美。

（二）不雅的站姿

（1）手位失当。如双手叉腰、抱在胸前或放入衣袋。

（2）腿位不雅。如双腿叉开过宽、双腿扭在一起、腿弯曲或高抬。

（3）脚位欠妥。如“人”字式、蹬踩式、独脚式等。

（4）探脖、缩颈、弓腰、耸肩、东歪西靠，或下意识地做小动作，如摆弄打火机、香烟盒，玩弄衣带、发辫，咬手指甲等。

（三）规范站姿的训练方法

（1）贴墙法：后脑、双肩、臀部、小腿、双脚跟部紧贴墙壁，靠墙站立。

（2）贴背法：两人背对背，相贴部位同上，在肩背部放置纸板，以纸板不掉下为标准。

（3）顶书法：头顶书本，使颈挺直，收下颌，挺上身，以书不掉为宜。

二、坐姿礼仪

坐姿是一种静态的身体造型，是人际交往中采用最多的姿势。端庄优美的坐姿不仅给人以文雅、稳重、大方的感觉，而且也是展现自己气质和风度的重要形式。

（一）坐姿礼仪的基本要求

从座位左边入座，背向座位，右脚后退半步，轻稳坐下；坐满椅子的三分之二，脊背轻靠椅背；上体挺直，头部端正，下颌微收，双目平视；两肩齐平放松，双臂自然弯曲放在膝上，也可以放在椅子或沙发的扶手上，掌心向下；双膝自然并拢，双脚平落在地上。女士穿裙装入座时，应整理裙边，用手沿大腿侧后部轻轻地把裙子向前拢一下，并顺势坐下，不要等坐下后再来整理衣裙。起立时，用力蹬地，起身站立，右脚再收回与左脚靠拢。

当然，端坐时间过长，会使人感到疲劳、不自然，可换一下姿势：男士可将双脚略向前伸或将两脚交叉；女士可将两腿并拢，两脚同时向左或向右放，两手叠放，置于左腿或右腿上形成优美的“S”形，也可以采用“丁”字式或侧坐式。总之，坐在椅子上是可以变换姿势的，只要端坐，腰立直，头、上体与四肢协调配合，那么各种坐姿都会是优美自然的。

（二）不雅的坐姿

前倾后仰，左顾右盼，摇头晃脑，弯腰曲背；摇腿，抖腿，跷二郎腿，两腿过于分开；双手端臂、抱膝、撑椅或随意挪动椅子等。坐在椅子的前半边，身子稍向前倾是表示谦虚倾听；但坐得过于猥琐前倾，就是一种阿谀了。

三、蹲姿礼仪

蹲姿与坐姿是由站姿变化而来的相对静止的体态。蹲是由站姿转变为两腿弯曲和身体高度下降的姿势。

（一）蹲姿礼仪的基本要求

自然、得体、大方，不遮遮掩掩；一脚在前，一脚在后，两腿合力支撑身体，避免滑倒；头、胸、膝关节在一个角度上，使蹲姿优美；女士无论采用哪种蹲姿，都要将两腿靠紧，臀部向下，高位腿向人。

（二）蹲姿实例

1. 高低式

下蹲时右脚在前，左脚稍后，两腿靠紧向下蹲；右脚全脚着地，小腿基本垂直于地面，左脚脚跟提起，脚掌着地；左膝低于右膝，左膝内侧靠于右小腿内侧，形成右膝高左膝低的姿态；臀部向下，基本上以左腿支撑身体。

2. 交叉式

交叉式蹲姿主要适用于女性，尤其是适合穿短裙的女性在公共场合采用。下蹲时右脚在前，左脚在后，右小腿垂直于地面，全脚着地；左膝由后面伸向右侧，左脚跟抬起，脚掌着地；两腿靠紧，交叉重叠，合力支撑身体；臀部向下，上身稍前倾。

3. 半蹲式

下蹲时上身稍许下弯，但不与下肢构成直角或者锐角；双膝可微微弯曲，一般成钝角；臀部向下，身体的重心放在一条腿上，双腿之间不宜过度地分开。

4. 半跪式

半跪式蹲姿又叫做单蹲姿，其基本特征是双腿一蹲一跪。下蹲以后，改用一腿单膝点地，而令臀部坐在脚跟上，另外一条腿应当全脚着地，小腿垂于地面；双膝必须同时向外，双腿则宜尽量靠拢。

（三）不雅的蹲姿

两腿叉开，弯腰翘臀，裸露内衣，为最不雅的蹲姿。

四、走姿礼仪

走姿是人体所呈现出的一种动态姿势，是站姿的延续。

（一）走姿礼仪的基本要求

头正、腰直、挺胸、收腹、提臀；两眼平视前方，面带笑容；双臂放松，在身体两侧自然摆动；脚尖微向外或向正前方伸出，动作协调，走成直线；步幅适度，步态优美，步伐稳健，步履自然，有节奏感。起步时，身体微微前倾，身体重心落于前脚掌；行走中身体的重心要随着移动的脚步不断向前过渡，而不要让重心停留在后脚，并注意在前脚着地和后脚离地时伸直膝部。

男女步态风格有别。男性的走姿应步伐稍大，矫健、有力、潇洒、豪迈，展示阳刚之美；女性的走姿则步伐略小，轻捷、娴雅、飘逸，体现阴柔之美。步幅的大小应根据身高、着装及场合的不同而有所不同。女性在穿裙装、旗袍或高跟鞋时，步幅应小一些；相反，穿休闲长裤时步伐就可以大一些。

（二）不雅的走姿

（1）身体前俯后仰，摇头晃脑。

（2）两个脚尖同时向里侧或外侧呈八字形。

（3）方向不定，忽左忽右。

（4）步子太大或太小。

（5）双手插在衣裤口袋里或反背于身后等。

第九章 交往礼仪

第一节 称呼与问候礼仪

一、称呼礼仪

称呼即称谓，指的是人际交往中用以表示彼此关系的名称用语。

（一）称呼的规则

在人际交往中，称呼很有讲究，它不仅反映了一个人的身份、性别、社会地位和婚姻状况等，而且反映了对方的态度及双方关系的亲疏。在交际开始时，只有使用得体的称呼，才会使交往对象产生同你交往的欲望。使用称呼语时要注意如下几点：

1. 称呼恰当

所谓称呼恰当，就是要求根据对方的身份、地位、民族、宗教信仰、年龄、性别等合理地称呼。要做到分别对待、因人而异，让关系亲近者感到亲切，让关系疏远者感到受尊重；另外，还应根据不同场合，因时、因地去称呼。在正式场合应使用职务称、泛尊称、职业加泛尊称、职务加泛尊称、姓氏加职务（职称）称等；在非正式场合可以直接以姓名称、名字称、辈分称等；对他人多用尊称，对己多用谦称等。

2. 照顾习惯

称呼他人必须充分考虑交往对象的语言习惯、文化层次、地方风俗等因素。根据我国民间的称呼习惯，凡亲近者都可以直呼其名；同辈、同事、兄弟姐妹之间只称名而不带姓氏；对初识者或关系疏远的人，则通常以对方的姓，加上能体现对方身份、地位等的称谓来称呼。在正式场合，尤其在涉外场合或接待服务场合，应按国际惯例，称呼“先生”“女士”“小姐”“太太”“夫人”等，并可冠以姓名、职称和衔称。

3. 注意忌讳

称呼忌讳，是出于礼仪、吉凶、功利、荣辱等方面因素所形成的不成文的规矩，主要的称呼忌语有四类：一是直接以“喂”“嘿”或“胖子”“小个儿”等人体特征代之；二是使用不雅的称呼，即含有人身侮辱或歧视之意的称呼，如绰号或没有分寸地使用小名、昵称；三是对人冠以蔑称、贬称，如“侉子”“蛮子”等；四是错误的称呼，即记不起对方姓名，称呼时叫错或张冠李戴，或对被称呼者的年龄、辈分、婚否以及与其他人的关系做出错误判断导致称呼错误，如将未婚的女子称为“大嫂”“太太”等。

（二）姓名的组成与排列顺序

姓名是称呼的主要部分。由于各地历史文化不同，风俗习惯各异，姓名的组成、排列的顺序也不尽相同。尤其在国际交往中，要了解不同国家和地区姓名的结构和排列顺序。

1. 前姓后名

许多亚洲国家，如中国、日本、韩国、朝鲜、越南、柬埔寨、新加坡等，以及欧洲的匈牙利等国的姓名结构都是如此。日本妇女在婚前使用父姓，婚后使用夫姓，本人的名字不变，在与日本人交往中，日常只称姓，只有在正式场合才使用全称。

2. 前名后姓

在英国、美国、加拿大、澳大利亚等国，姓名一般也由两部分组成，但通常是名字在前、姓氏在后。女性婚前都用自己的姓名，婚后一般是自己的名加上丈夫的姓。在日常交往中，只称其姓，加上“先生”“小姐”或“夫人”等；在正式场合，则应称呼其姓名全称，同样加“先生”“小姐”或“夫人”等。

法国人的姓名一般由两节或三节组成，前一、二节为名，最后一节为姓；西班牙人的姓名常由三节或四节组成，前一、二节为名，第三节为父姓，最后一节为母姓；俄罗斯人的姓名由三节组成，第一节为本人名，第二节为父名，第三节为姓；阿拉伯人的姓名由四节组成，分别为本人名、父名、祖父名、姓。

3. 有名无姓

只有名而无姓的情况可在缅甸、印度尼西亚等国见到。常见缅甸人的名字前有“吴”，这不是姓，而是一种尊称，是“先生”的意思。在名字前面常冠以表示性别、长幼、地位的字和词，如冠以“杜”意为女士，“玛”意为姐妹，“郭”意为长辈，“哥”意为兄弟，“波”意为军官，“塞耶”意为教师。如一位缅甸男子名为“刚”，同辈人称他为“哥刚”，若他有一定的社会地位则被称为“吴刚”，若他是军官则被称为“波刚”。

（三）称呼的方式

称呼的方式基本可以分为两类：一类是一般称呼，即指普遍适用于各种不同身份人士的称呼；另一类是特殊称呼，即指与个人特定身份、职业或关系相适应的专用称呼。但不论采取何种方式，都必须符合对方的身份及与自己的关系，并应适合不同的场合。具体的称呼方式有如下几种：

1. 泛称

泛称，即适合于各种社交场合的称呼，一般都适用于正式社交场合，主要有：

（1）同志：原意为同一政党、团体内的志同道合者，但在现实生活及人际交往中已作为公民之间普遍使用的称呼。它既可单独使用，也可在“同志”前面冠以姓、姓名或名。

（2）先生、小姐、夫人、太太、女士：这些都是西方称呼，也是国际通行的称呼，在我国主要用于正式交际场合和外事接待场合。“先生”是中国旧时对教师的称呼，现一般是对男士的泛称，但对具有一定身份和地位、知识渊博的女士也可以称为先生，如毛泽东曾称何香凝、宋庆龄为“先生”。“小姐”“夫人”“太太”，均为对女性的称呼。“先生”和“小姐”可以单独用以称呼，也可以与姓名、姓氏、职业称呼组合在一起，在正式场合下使用，如“张先生”或“张某某先生”“王小姐”或“王某某小姐”“上校先生”“秘书小姐”等。“先生”和“小姐”还可以用来称呼服务行业的工作人员。

2. 职务称

职务称，即以对方的职务来称呼，如称其“部长”“局长”“厂长”“经理”“校长”等。职务称可以单独使用，也可以同泛称、姓名、姓氏分别组合后使用。对知道职位、学位、军衔的人可以以职务称呼，在“先生”“小姐”前冠以职衔，如“博士先生”“议员先生”“市长先生”“上校先生”等。对政府的高级官员、外交大使或军队中的高级将领，最好在职位后加“阁下”二字，如“总统阁下”“大使阁下”“将军阁下”。“阁下”的使用不限于男性，对有高级官衔的女性也可以称其“阁下”。

3. 职业称

职业称，即以对方所从事的职业进行称呼，如称“教师”“医生”“律师”“教练”“警官”等。在使用职业称时，可以同姓名、姓氏分别组合后使用，如称“王教练”“李医生”“张律师”等。还可以使用职业称加泛称，如称“医生同志”“律师先生”“护士小姐”等。

4. 姓名称

姓名称，即直接以他人的姓和名进行称呼，适用于非正式场合里相互比较熟悉的人之间称呼。姓名称，在实际使用中又有多种方式：一是人们往往习惯于在被称呼者的姓氏前面加上“老”“大”“小”等字，而免称其名，如称“老王”“大张”“小李”等，以示关系密切；二是在被称呼者姓氏的后面加上“老”，用于对年纪较老、德高望重者的称呼，如“张老”“王老”，以示对对方的尊敬；三是不称其姓，而只呼其名，主要用于关系密切者之间，适用于同事或同学间、上级对下级、长辈对晚辈的称呼。

5. 特殊称

特殊称，主要是指对君主制国家、宗教及神职人员的专用称呼。如对君主制国家的国王及王后应称“陛下”，称王子、公主、亲王为“殿下”等。

二、问候礼仪

问候有多种形式和方式，有较强的礼节性。

（一）问候的形式

1. 日常问候

日常问候是亲友间互致的问候，大体有：按时间问候，如“早安”“早上好”“晚安”；祝愿式问候，如“生日快乐”“新年快乐”；关心式问候，如“一切都好吗”“身体可好”等。

2. 特殊问候

特殊问候是指亲友之间在不同情况下的问候。一是节日问候，是在节日到来时相互之间表示关心、联络感情的一种问候。二是喜庆问候，如在对方新婚、职位晋升等喜事时表示问候。三是不幸时的问候和安慰，如家庭发生变故或遭遇火灾、被盗等情况下表示的同情和安慰。

（二）问候的方式

常见的问候方式有：口头问候、书信问候、电话问候、贺卡问候、短信问候、微信问候、送物问候等。

在商务场合中，有一种常用的问候方式——致意。这是一种无声的问候，往往用于不宜大声喧哗的公共场合。

1. 微笑致意

在日常交际中，与人见面时，微微一笑是表达敬意和问候的最佳表达方式，适用于多种场合。

2. 举手致意

举起右手，掌心朝向对方，其功能因招手的高度和方式有所不同。高位手：右手高举过顶，并用目光示意，往往是向远距离的人表示“我在这里”；左右不停摆动，常表示“再见”。中位手：右手举起与耳齐，掌心向前，面带笑容，目视对方，适用于与中近距离或行进中的人打招呼，表示“你好”；左右摆动则表示告别。

3. 点头致意

头微微向下一动，幅度不必太大。适用于不宜交谈的场合，如与相识者在同一地点多次见面，或与不相识者在社交场合见面，都可使用。

4. 欠身致意

处于坐姿状态的问候者见到长辈、领导进门时，常使用欠身致意。

5. 脱帽致意

微微欠身，右手脱下帽子，同时目视对方，微笑致意，片刻后即可将帽子戴上。

第二节　见面礼仪

见面礼仪是给人的第一印象，并由此获得“首因效应”。日常交往中常用的见面礼仪有握手礼、鞠躬礼、拱手礼、合十礼、拥抱礼等。

一、握手礼

两人相向，握手为礼，是当今世界最为流行的礼仪。不仅仅熟人、朋友，连陌生人、对手，都可能握手为礼。握手常常伴随寒暄、致意。握手礼的含义很多，视情况而定，分别表示相识、相见、告别、友好、祝贺、感谢、鼓励、支持、慰问等不同意义。

（一）握手礼的由来

关于握手礼的由来，有以下数种说法。

说法一：战争期间，骑士们都穿盔甲，除两只眼睛外，全身都包裹在铁甲里，随时准备冲向敌人。如果表示友好，互相走近时就脱去右手的甲胄，伸出右手，表示没有武器，互相握手言好。后来，这种友好的表达方式流传到民间，就成了握手礼。当今行握手礼也都是不戴手套，朋友相见或互不相识的人初识时，若戴着手套，应先脱去手套，才能施握手礼，以示对对方的尊重。

说法二：远古时代，在狩猎和战争时，人们手上经常拿着石块或棍棒等武器。如果遇到素不相识的人，为了表示友好，就扔掉手里的东西，并且摊开手掌让对方抚摸掌心，示意手里没有藏武器。这种习惯逐渐演变成今天的握手礼仪。

（二）握手的礼仪规范

1. 握手的主动权

握手的主动权通常掌握在受尊敬的一方，如年长者、身份高的人、女士。男女之间，女士先伸手；长幼之间，长者先伸手；上下级之间，上级先伸手，下级趋前相握。如果男性年长，是女性的父辈年龄，在一般的社交场合中仍以女性先伸手为主；如男性已是祖辈年龄，或女性是未成年人，则男性先伸手是适宜的。还有一个特例是：迎接客人，主人先伸手；送走客人，客人先伸手。两对男女相遇，应先是女士与女士握手，再由女士分别与男士握手，最后再是男士与男士握手。但无论什么人，如果他忽略了握手礼的先后次序而已经伸了手，对方都应不迟疑地回握，因为拒绝对方已经伸出的手是失礼的；但如果自己手上有水或不干净时，应谢绝握手，同时必须向对方解释并致歉。

2. 握手的姿势

握手一般用右手。伸出手掌与地面垂直，掌心相对，满掌相握，称为“平等式握手”。握手时注视对方，面带微笑，身体稍往前倾，不能挺胸昂头。当老者伸手时，应急步趋前，可用双手握住老者的手，并说“欢迎您”“见到您很高兴”等热情洋溢的话语。

3. 握手的时间

男士之间或女士之间行握手礼时，只要遵从一般规范即可，握手时间及力度都比较随意。但是男士与女士之间握手，或者与长者、贵宾握手，则要遵从特定的礼仪规范。

握手的时间要恰当，长短可因人、因地、因情景而异，一般原则是根据双方的熟悉程度灵活掌握。与初识者见面握手一般以2～3秒钟为宜；与异性握手，应一握即可，不可握住久久不放；老朋友或关系密切者，可以边握手边问候，时间也应控制在20秒内；在多人相聚的场合，不宜与某一人长时间握手，以免他人误会。

4. 握手的力度

握手的力度要适当，可握得稍紧些，以示热情，但不可太用力，用力过大会使对方有疼痛感；过轻又显得妄自尊大或敷衍了事。男士与女士握手时，只需轻握一下女士的四指即可，不可握得太紧。如果下级或晚辈与你的手紧紧相握，作为上级和长辈一般也应报以相同的力度，这有助于晚辈或下级对自己产生强烈的信任感，也可以使自己的威望、感召力在晚辈或下级心中得到提高。

（三）握手的禁忌

（1）贸然伸手：遇到上级、长者、贵宾、女士时，自己抢先伸手。

（2）敷衍了事：握手时漫不经心、左顾右盼、面无表情。

（3）态度暧昧：本应先伸手，却不主动伸手，在对方伸手后又犹豫不决、慢慢吞吞或置之不理。

（4）动作失范：力度过大或过小；长久地握着异性的手不放；非亲朋好友却用双手相握；双手交叉同时与两人握手；用左手握手；一手相握，另一手放在衣袋中；掌心向上或掌心向下或只伸出指尖与他人握手；坐着握手；戴着帽子、手套或墨镜握手（女士在社交场合戴着薄纱手套握手是允许的）；边握手边长篇大论；手不洁或有皮肤病而与他人握手；握手后当众或当着对方的面以手帕揩手等。

二、鞠躬礼

鞠躬即躬身行礼，是表示对他人敬重的一种郑重礼节。“鞠躬”起源于中国，商代有一种祭天仪式“鞠祭”：作为祭品的牛、羊等不切成块，而将整体弯卷成圆的鞠形，再摆到祭处奉祭，以此来表达祭祀者的恭敬与虔诚。后来人们逐步沿用这种形式来表达自己对地位崇高者或长辈的崇敬。

鞠躬礼是我国的传统礼仪之一，一般用于下级对上级或同级之间、学生向老师、晚辈向长辈、服务人员向宾客表达由衷的敬意。鞠躬也是日本、韩国、朝鲜等国家传统的、普遍使用的一种礼节。鞠躬主要表达“弯身行礼，以示恭敬”的意思。

（一）鞠躬礼的适用场合

鞠躬一般适用于庄严肃穆、喜庆欢乐的仪式场合，在我国也适用于普通的社交和商务活动场合。

（1）演员谢幕：演员表演一个节目或演出结束。

（2）结婚典礼：举行婚礼，一般都施行新人“三鞠躬”的传统礼仪，新人要向父母尊长施鞠躬礼，有的还向来宾施鞠躬礼，新人之间亦相互鞠躬。

（3）悼念活动：灵堂吊丧、向遗体告别、赠送花圈、祭奠死者，都要向遗像、遗体或骨灰盒行鞠躬礼。

（4）迎宾送客：商务人员接待客人或送别客人时，为表示对客人的重视与尊重，往往需要行鞠躬礼。

（二）鞠躬礼的种类及其施礼规范

1. 三鞠躬

（1）行礼之前应当先脱帽，摘下围巾，身体肃立，目视受礼者。

（2）男士的双手自然下垂，贴放于身体两侧裤线处；女士的双手下垂搭放在腹前。

（3）身体上部向前下弯，然后恢复原样，如此三次。

2. 深鞠躬

其基本动作同三鞠躬，区别在于深鞠躬一般只要鞠躬一次即可，但要求弯腰幅度达到 90 度，以示敬意。

3. 社交、商务鞠躬礼

（1）行礼时，立正站好，保持身体端正；

（2）面向受礼者，距离为两三步远；

（3）以腰部为轴，整个肩部向前倾 15 度以上（具体视行礼者对受礼者的尊敬程度而定），同时问候“您好”“早上好”“欢迎光临”等。

朋友初次见面、宾主之间、下级对上级及晚辈对长辈等，都可以鞠躬行礼来表达对对方的尊敬。受礼者如是长者、贤者、女士、宾客，还礼可不鞠躬，而用欠身、点头致意；其他受礼者均以鞠躬礼相还。

（三）施鞠躬礼的方法

施鞠躬礼时要心诚，以立正姿势，面对受礼者约两三步，双目注视受礼者，以腰为轴，身体上部向前倾斜 15～90 度，视线也随鞠躬自然向下，双手自然下滑放于体侧约膝盖处。礼毕身体恢复立正姿势，并注视受礼者。除葬礼时鞠躬要时间停顿得长一些，日常社交鞠躬不要停顿时间过长。

15 度礼，商务上叫迎客礼，弯腰幅度不要太大，眼睛注视对方，不要看地面。用于一般的应酬场合，如欢迎、问候、介绍、握手、让座等。

45 度礼，通常叫感谢礼，弯腰幅度以视线落到对方的脚为准。一般用于下级对上级、学生对老师、晚辈对前辈、服务人员对来宾表示敬意。

90 度礼，属于最高的礼节，动作技巧是弯腰向下时以眼睛看到自己的脚为准。一般用于礼宾场合，如婚礼上夫妻对拜，或追思会上向逝者鞠躬。

三、拱手礼

拱手礼历史悠久，《论语》中有“子路拱而立”的记载，是最具中国特色的见面问候礼仪。朋友见面、双方告别等，以拱手表示寒暄、打招呼、恭喜、再见等。拱手礼优美大方，相隔数十步亦可为，而且可以同时施与多人，绝无传染疾病之虞，也不会因身上有异味而讨人嫌。

行拱手礼时，双腿站直，上身直立或微俯，左手在前、右手握拳在后，两手合抱于胸前，有节奏地晃动两三下，并微笑着说出问候语。当施礼者拱手时，受礼者也应同样拱手表示友好。

四、合十礼

合十礼，是流行于泰国、缅甸、老挝、柬埔寨、尼泊尔等佛教国家的见面拜礼。此拜礼源自印度，最初仅为佛教徒之间的拜礼，后发展成全民性的见面礼。在泰国，行合十礼时，一般是两掌相合，十指伸直，举至胸前，身子略下躬，头微微下低，口念“萨瓦迪”（即“你好”）。遇到不同身份的人，行此礼的姿势也有所不同。例如，晚辈遇见长辈时行礼，要双手高举至前额，两掌相合后举至脸部，两拇指靠近鼻尖。男行礼人的头要微低，女行礼人除了头微低外，还需要右脚向前跨一步，身体略躬。长辈还礼时，只需双手合十放在胸前即可。拜见国王或王室重要成员时，男女还均须跪下。国王等王室重要成员还礼时，只点头致意即可。无论地位多高的人，遇见僧人时都要向僧人行礼，而僧人不必还礼。

因佛教中不兴握手，所以在我国，一般非佛教徒对僧人施礼，也以行站立合十礼为宜。

五、拥抱礼

拥抱礼是流行于欧美的一种见面礼仪。许多国家的涉外迎送仪式中多行此礼，现代的上层社会中亦行有此礼。

行拥抱礼时，通常是两人相对而立，各自右臂偏上，左臂偏下，右手环抚于对方的左后肩，左手环抚于对方的右后腰，彼此将胸部各向左倾而紧紧相抱，并头部相贴，然后再向右倾而相抱，接着再做一次左倾相抱。

第三节　馈赠礼仪

《礼记·曲礼上》说："礼尚往来，往而不来，非礼也，来而不往，亦非礼也。"相互馈赠礼物，是人际交往中不可缺少的内容。

如前所述，在礼和仪的内涵中，除了有表示尊敬的态度、言语、动作、仪式外，还有一个重要的部分，就是礼物。从"礼"以"物"的形式出现的那时起，"物"就从"礼"的精神内核中蜕化出来，而成为人与人之间有"礼"的外在表现形式。随着社会生活的进化和演变，物能寄情言意表礼的观念被广大人民所接受和认同，从而使馈赠在内容和形式上逐渐融会在五彩缤纷的社会交往中，并成为人们联络和沟通感情的最主要方式之一。在现代人际交往中，礼物仍然是人们往来的有效媒介之一，它像桥梁和纽带一样直接、明显地传递着情感和信息，寄托着人们的情意，无言地表达着人与人之间的真诚关爱，久远地记载着人间的温暖。

馈赠作为人际交往活动的重要手段之一，受到古今中外人士的普遍肯定。馈赠作为一种非语言的重要交际方式，是以物的形式出现，以物表情，礼载于物，起到寄情言意的"无声胜有声"的作用。得体的馈赠，恰似无声的使者，给人们之间的感情和友谊注入新的活力。

一、馈赠礼仪的基本原则

馈赠作为社交活动的重要手段之一，为古今中外人士普遍肯定。大凡送礼之人，都希望自己所送礼品能寄托和表达对受礼者的敬意和祝颂，并使交往锦上添花。然而，有时所赠礼品不得当，非但达不到这种目的，反而会事与愿违，造成不良后果，"赔了夫人又折兵"。因此，认真研究和把握馈赠的基本原则，是馈赠活动得以顺利进行的重要前提条件。

（一）轻重原则——轻重得当，以轻礼寓重情

通常情况下，礼品的贵贱厚薄，往往是衡量交往人的诚意和情感浓烈程度的重要标志。然而礼品的贵贱厚薄与其物质的价值含量并不总成正比。因为礼物是言情寄意表礼的，它仅仅是人们情感的寄托物，人情无价而物有价，有价的物只能寓情于其身，而无法等同于情。也就是说，就礼品的价值含量而言，礼品既有其物质的价值含量，也有其精神的价值含量。"千里送鹅毛"的故事，妇孺皆知，被标榜为礼轻情意重的楷模和学习典范；"折柳相送"也常为文人津津乐道。在这里，如果仅就这些礼物本身的物质价值而言，的确是很轻的，对于受礼人来说甚至是微乎其微的，然而它所寄寓的情意则是浓重的。人们提倡"君子之交淡如水"，提

倡“礼轻情意重”，除非是有特殊目的的馈赠，其他馈赠礼物的贵贱厚薄都应以对方能愉快接受为尺度。

（二）时机原则——选时择机，时不我待

中国人很讲究“雨中送伞”“雪中送炭”，即十分注重送礼的时效性，因为只有在最需要时得到的才是最珍贵的，才是最难忘的。因此，要注意把握好馈赠的时机，包括时间和机会的选择。一般说来，时间贵在及时，超前或滞后都达不到馈赠的目的；机会贵在急需，“雪中送炭”和“锦上添花”、“门可罗雀”时和“门庭若市”时，人们对得到馈赠的感受会有天壤之别。所以，对于处境困难者的馈赠，其所表达的情感就更显真挚和高尚。

故事

有一篇名为《影星与狗》的文章，记载了这样一件感人的事：国际著名影星奥黛丽·赫本十分爱狗，多年来一直豢养着一只叫杰西的罗塞尔种的长耳小猎犬。白天，杰西那无忧无虑和温柔的品性，令赫本感到柔情和甜蜜；夜晚，杰西依偎在赫本的脚旁，暖融融地伴她入睡。然而，有一天，杰西误吃了毒药死了。赫本爱犬心切，一连数日悲痛不已，并因此一病不起。这时，她的朋友克里斯多夫·格里文森托人给她送来了又一只长耳罗塞尔犬，它叫彭妮，小巧玲珑，毛色白亮，十分可爱。彭妮给了赫本无限的慰藉，赫本说：“彭妮不仅使我恢复了健康，也赐给我无限的幸福，它真是来自天堂的宝贝。”

（三）效用性原则

同一切物品一样，礼物本身也具有价值和使用价值。就礼品本身的实用价值而言，人们经济状况不同、文化程度不同、追求不同，对于礼品的实用性要求也就不同。一般说来，物质生活水平的高低，决定了人们精神追求的不同。在物质生活较为贫寒时，人们多倾向于选择实用性的礼品，如食品、水果、衣料、现金等；在生活水平较高时，人们则倾向于选择艺术欣赏价值较高、趣味性较强、具有思想性和纪念性的物品为礼品。因此，应视受礼者的物质生活水平，有针对性地选择礼品。

（四）投好避忌的原则

由于民族、生活习惯、生活经历、宗教信仰以及性格、爱好的不同，不同的人对同一礼品的态度可能是不同的，或喜爱或忌讳或厌恶，等等。因此送礼时要把握住投其所好、避其禁忌的原则，尤其强调要避其禁忌。当人们的禁忌被冒犯时，无论对方是有意的还是无意的，被冒犯者心中的不快不满、甚至愤恨是不言而喻的。所以，馈赠前一定要了解受礼者的喜好，尤其是禁忌。例如，中国人普遍有“好事成双”的说法，因而凡是大贺大喜之事，所送之礼均好双忌单，但广东人则忌讳“4”这个偶数，认为是不吉利的。又如，人们还常常忌讳给老人送“钟”、给夫妻或情人送“梨”，因为“钟”与“终”、“梨”与“离”谐音，是不吉利的。

二、馈赠的基本礼仪规范

（一）送礼礼仪

1. 注意礼品的包装

精美的包装使礼品的外观更具艺术性和高雅的情调，并显现出赠礼人的文化和艺术品位，而且还可以使礼品产生和保持一种神秘感，既有利于交往，又能引起受礼人的兴趣和探究心理，从而令双方均感到愉快。好的礼品若不讲究包装，不仅会使礼品逊色，使其内在价值大打折扣，使人产生“人参变萝卜”的缺憾感，而且还易使受礼人轻视礼品的内在价值，而无谓地折损了礼品所寄托的情谊。

2. 注意赠礼的场合

赠礼场合的选择，是十分重要的。尤其那些出于酬谢、应酬或有特殊目的的馈赠，更应注意赠礼场合的选择。通常情况下，当众只给一群人中的某一个人赠礼是不合适的。因为那容易使受礼人有“受贿”和“受愚弄”之感，而且会使没有受礼的人有受冷落和受轻视之感。给关系密切的人送礼也不宜在公开场合进行，以免给公众留下“你们关系密切完全是靠物质支撑”的感觉。只有礼轻情重或表达特殊情感的特殊的礼物，才适宜在大庭广众下赠送，因为这时公众将成为你们真挚友情的见证人。

3. 注意赠礼时的态度、动作和言语表达

只有那种平和友善的态度和落落大方的动作，并伴有礼节性的语言表达，才能令赠、受礼双方都感到能够接受。那种做贼似的悄悄将礼品置于桌下或房中某个角落的做法，不仅达不到馈赠的目的，甚至会适得其反。

4. 注意赠礼的时机

一般说来，应在相见或道别时赠礼。

（二）受礼礼仪

（1）受礼者应在赞美和夸奖声中收下礼品，并表示感谢。一般应赞美礼品的精致、优雅或实用，夸奖赠礼者的周到和细致，并伴有感谢之辞。

（2）双手接过礼品。视具体情况或拆开或只看外包装，还可请赠礼人介绍礼品功能、特性、使用方法等，以示对礼品的喜爱。

（3）只要不是贿赂性礼品，最好不要拒收，那会很驳赠礼人的面子。大方地接受，再找机会回礼为妥。

（三）学会拒绝

不熟悉的人送的极其昂贵的礼品，隐含着发生违法乱纪行为的礼品，接受后或许会受到对方控制的礼品，违反国家法规和中央“八项规定”的礼品，应加以拒绝。

（1）说明拒绝原因。比如“身份不允许”“违反有关规定”等。

（2）要表达谢意。即便拒绝了对方的礼品，也要感谢对方的好意。

（3）态度要友善。拒收礼品时，务必讲究方式方法，不要让对方难堪。更不能态度生硬，质问、斥责、教训对方。如当时在场人多，应将礼品收下，过后再交还赠礼人，并口头或书面解释理由。

三、国际交往中的馈赠常识

由于文化上的差异，不同历史、民族、社会、宗教的影响，世界各国在馈赠问题上的观念、喜好和禁忌有所不同。只有把握好这些不同，在交往馈赠活动中才能如愿以偿。

（一）亚洲国家的馈赠常识

亚洲各国虽然在社会、民族、宗教信仰的情况上有很大不同，但在馈赠方面仍有很多相似之处。

1. 形式重于内容

对亚洲国家人士的馈赠，名牌商品或具有民族特色的手工艺品是上好的选择。至于礼品的实用性，则屈居知识性和艺术性之后。尤其是日本人和阿拉伯人，非常重视礼品的牌子和外在形式。

2. 崇尚礼尚往来

在亚洲，无论何地，人们都认为来而不往是有失尊严的。而且，在回礼时常在礼品的内在价值、外在包装上更下工夫，以示自己的慷慨和对他人的恭敬。

3. 讲究馈赠对象的具体指向性

一般说来，送给老人和孩子礼品常常是令人高兴的，无论送什么，人们都乐于接受。但若是送他人妻子礼品，则需考虑交往双方的关系及对方的忌讳。如阿拉伯人最忌讳向其妻子赠送礼品，这被认为是对其隐私的侵犯和对其人格的侮辱。

4. 忌讳颇多

不同国家对礼品数字、颜色、图案等有诸多忌讳，如日本、朝鲜等对“4”字有忌，把“4”视为预示厄运的数字，而对 7、5、3 等奇数和 108 等数颇为青睐。中国人对“9”及“9”的倍数尤其偏爱，但日本人不喜欢“9”。阿拉伯人忌讳带有动物图案，特别是猪图案的物品，而日本人则忌讳狐狸和獾等图案。

（二）西方国家的馈赠常识

与东方国家相比，西方国家在礼品的选择喜好方面没有太多讲究，其礼品多姿多彩。

1. 实用的内容加漂亮的形式

西方人对礼品的选择更倾向于实用，一束鲜花、一瓶好酒、一盒巧克力、一块手表，甚至一同游览、参观等，都是上佳的礼品。当然，如果再讲究一下礼品的牌子和包装，就更好了。

2. 赠受双方喜欢共享礼品带来的欢快

西方人馈赠时，受赠人常常当着赠礼人的面打开包装并表达赞美，邀赠礼人一同享受或欣赏礼品。

3. 讲究赠礼的时机

一般情况下，西方人常在社交活动行将结束时，即在社交已有成果时方才赠礼，以避免“行贿”之嫌。

4. 忌讳较少

除忌讳“13”和“星期五”这类灾难之数，一些特殊场合（如葬礼）中礼品的种类、颜色等有一定讲究外，大多数西方国家在礼品上的忌讳不多。

第四节 餐饮礼仪

餐饮礼仪是指人们在赴宴进餐过程中，根据一定的风俗习惯、约定俗成的程序和方法，在仪态、餐具使用、菜品食用等方面表现出的自律和敬人的行为，是餐饮活动中需要遵循的行为规范与准则。

“民以食为天”，餐饮礼仪源远流长。《礼记·礼运篇》：“夫礼之初，始诸饮食。”据文献记载，至少在周代，饮食礼仪已形成一套相当完善的制度，特别是经孔子的称赞、推崇，而成为历朝历代表现大国之貌、礼仪之邦、文明之所的重要方面。

一、宴会中主人的礼仪

（一）宴席邀请

向客人发出邀请的形式有很多种，如请柬、邀请信、电话等。婚宴等正式宴请大都要发出请柬，这既是礼节、礼貌上的需要，也起提醒、备忘的作用。除了宴请临时来访人员，或时间仓促来不及提前准备之外，宴会请柬一般应至少提前一周发出，以便客人安排好时间。需要安排座位的宴会，可要求被邀请人收到请柬后给予确认答复。

（二）宴席座次

桌子的顺序、席次的安排都有讲究。城市乡村略有不同，地域之间也有差异，要入乡随俗、入境问禁。比如，在商务宴请中，按“面门为上，右为尊”安排座次。

（三）席间礼仪

主人在宴会开始之前，站立于门前迎接宾客。对每一个来宾，主人都得招呼到，不可疏忽。在客人大部分到齐时，主人就要回到场中跟客人招呼、应酬。客人按座次入座之后，主人应首先起立，举杯向客人敬酒，碰杯先后以座次为序。“让菜不夹菜”，不要不由分说，擅自做主为别人夹菜、添饭。宴会结束后，主宾告辞，主人送至门口，与客人一一握手、热情话别。

二、宴会中客人的礼仪

（一）应邀

接到宴会邀请，须尽早答复能否出席，以便主人做出安排。接受邀请后不要随意改动，万一因特殊情况不能出席时，尤其是作为主宾，要尽早向主人解释、道歉。同时要留意是否邀请了自己的配偶以及主人对出席时着装的要求等。应尽量提前或准时到达宴会地点。

（二）问候

当走进主人家或宴会厅时，应首先跟主人打招呼。对其他客人，不管认不认识，都要微笑点头示意或握手问好；对长者要主动起立，让座问安；对女宾应举止庄重，彬彬有礼。

（三）入席

入席时，应听从主人或招待人员的安排入座。如果没有安排座次，应注意谦让身份高者、年长者以及女士先入座，自己再找适当的座位坐下。入座后应坐姿端正，脚踏在本人座位下，手肘不要靠桌沿或放在邻座椅背上，可以和同席客人简单交谈。

（四）用餐

用餐时须温文尔雅、从容安静，不能只顾自己，也要关心别人，尤其要招呼两侧的女宾。如果没有分菜，取菜舀汤时应使用公筷公匙；夹菜时要先看好，切不可用筷子在盘中挑来拣去；要小口进食，不要发出声响；要食物就口，不可口就食物，最好让食物在自己的碟中过渡一下才送入口中；口内有食物时，应避免说话；席间也不要高谈阔论，不要当众修饰，不要吸烟。遇有意外，如不慎将酒、水、汤汁溅到他人身上，表示歉意即可，不必恐慌赔罪，反使对方难为情。和渔家、海员一起吃鱼的时候，忌讳把鱼翻身，因为那有“翻船”的意思。不要当众剔牙，要用手或手帕遮掩，或离席到洗手间处理；避免在餐桌上咳嗽、打喷嚏、打嗝。用完餐后，餐具务必摆放整齐，餐巾亦应折好放在桌上。

（五）饮酒

主人向客人敬酒时，客人应回敬主人。喝酒宜随意，敬酒以礼到为止，不要向正在夹食或口中有食物的人敬酒，特别是不要向不胜酒力的人劝酒、灌酒。敬酒时，不一定个个都碰杯，离得较远时，可举杯用眼睛示意，不要交叉碰杯。

（六）离席

宴会结束前，不要随意离席，要等主人和主宾餐毕先起身离席，其他客人才能依次离席。席间确实有事需提前退席，应向主人说明后离去，也可以事前打招呼，届时悄悄离席。宴会结束退席时，应向主人致谢，对宴会的组织及菜肴的丰盛精美表示称赞。

三、中西餐饮礼仪文化的差异

（一）出席时间

中国人是多样化时间观念的人，西方人是单一时间观念的人。西方人要求做任何事情都要严格遵守日程安排，该干什么就干什么，因此，在参加宴请时，这一差异显得较为突出。一般说来，时间多样化模式的中国人更容易犯“迟到”的错误，往往在规定的时间半小时之后到达。特别是许多地方的婚宴不准时开始是司空见惯的，主人似乎也早有思想准备，通常会在这段“等待”的时间里安排些消遣活动，如打牌、喝茶、聊天等，让一些先到的客人们消磨时间。对于这种“迟到”现象，往往主客双方都习以为常，并不将之视为对主人邀请的一种轻视或者不礼貌的行为。在西方国家，各种活动都按预定的时间开始，迟到是很不礼貌的。正式的宴会要求准时到达，十分钟后不到者，将会被视为不合礼仪，是对主人及其他客人的不尊重。

（二）餐桌座次

中国一般是客齐后导客入席，主宾坐在男主人的右上方，主宾夫人坐在女主人的右上方；而在很多农村，一般以左为上，视为首席。在西方，一般说来，面对门的、离门最远的那个座位是女主人的，与之相对的是男主人的座位；女主人右手边的座位是第一主宾席，一般是位先生；男主人右边的座位是第二主宾席，一般是主宾的夫人。女主人左边的座位是第三主宾席，男主人左边的座位是第四主宾席。

（三）上菜顺序

在中国，一般先上开胃的凉菜，然后上主菜（多为热菜），之后上点

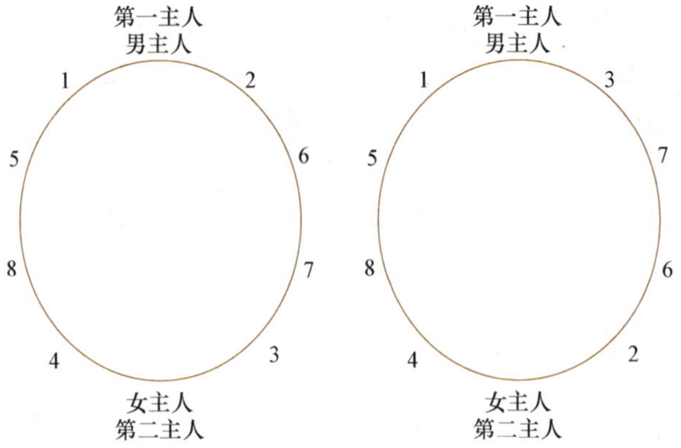

中餐座次安排示例

心或主食，最后上水果，用来促进消化。在西方国家，上菜顺序一般是菜和汤、水果、餐酒、主食，最后是甜点和咖啡。

（四）餐具各异

在中国，餐具较简单，一般只有杯、盘、碗、碟、筷子、汤匙等。而西方有刀、叉、匙、杯、盘等，刀又分为食用刀、鱼刀、肉刀、奶油刀、水果刀，叉又分为食用叉、鱼叉、龙虾叉等；茶杯、咖啡杯为瓷器，并配有小碟，水杯、酒杯多为玻璃制品。

（五）进餐礼仪

中餐的进餐礼仪体现了一个“让”字：进餐前所有的人都会等待主人，只有当主人请大家用餐时，才表示宴会开始；而主人一般要先给主宾夹菜，请其先用；当有新菜上来，请主人、主宾和年长者先用以示尊敬。西餐进餐礼仪传达的是一种“美”的精神追求，整个进餐过程不但要美味，更要悦目、悦耳。中国人平日好静，一坐上餐桌便滔滔不绝，相互让菜、劝酒，以食为人生之至乐，餐桌上的热闹反映了食客发自内心的欢快。西方人平日好动，挥手、耸肩等形体语言特别丰富，但一坐到餐桌上便安静缄默起来，静静地切割着自己的“盘中餐”，相互间交谈轻言细语，不高声喧哗。西方人用餐不但要求衣着整齐，而且往往还要求穿礼服并要求坐姿端正；而中国人在餐馆用餐的穿着可以随便一些，即使是穿 T 恤、牛仔裤也可以，只有在出席重要的宴会方穿得隆重一些。

四、西餐礼仪常识

随着对外交往的日益增加，中国人吃西餐的机会越来越多。吃西餐时，座位的排列、餐具的使用和用餐方法必须符合西餐礼仪。

（一）西餐座位的排列

西餐座位比较讲究礼仪，非正式宴会座位遵守“女士优先”的原则，即男士主动为女士移动椅子、让女士先坐，坐右座、靠墙靠里坐。不管是正式宴会还是非正式宴会，入座或离座均应从座椅的左侧走（左侧入座不方便时也可以从右侧入座）。正式宴会以国际惯例为依据，桌次的高低依距离主桌位置的远近而定，右高左低；桌次较多时一般摆放桌次牌。吃西餐均使用长桌，同一桌上座位的高低以离主人的座位的远近而定。

西方习俗是男女交叉安排，以女主人的座位为准：主宾坐在女主人的右上方，主宾夫人坐在男主人的右上方。

（二）餐具的使用

西餐宴席上使用的餐具主要是刀、叉、匙、盘、杯等。一般是左手拿叉、右手拿刀。拿叉的姿势是：用左手拇指、食指、中指拿住叉；拿刀的姿势是：用右手食指压在刀背上以出力，其余手指拿住刀把。

用刀、叉和匙时，要从最外面开始，依一道一道菜往里拿。西餐一般讲究吃不同的菜用不同的刀叉，饮不同的酒用不同的酒杯，吃完一道菜将刀叉并列放在盘子的右边。不要举着刀叉和别人说话，不能发出刀叉相碰的声音。如果暂时不会用西式餐具，跟着主人或他人做就行了。

（三）用餐方法

吃肉类时有两种方式：一是边割边吃；二是先把肉块（如牛排）切好，然后把刀子放在食盘的右侧，单用叉子取食。前者是欧洲的古老习惯，后者则是美式的吃法。

吃鱼时，应从鱼的中间切开，把肉拨到两边取掉鱼刺、鱼骨，慢慢食用。肉饼、煎蛋、沙拉，都不用刀只用叉。肉盘内的肉汁，可用面包蘸着吃。面包应用手指掰成小块食之。炸薯片、炸肉片、普通三明治等食物，跟面包一样，用手取食。取食时，仅限于用拇指和食指拈取，食后用摆在面前的小手巾拭手。吃甜点可用叉或匙。

喝汤时，用匙进食。握匙的正确姿势为：用大拇指按住匙的把，其他手指轻轻托住另一边。舀汤时，应从盘子里面向外舀，不可端起汤盘吮吸；当汤盘有双柄时，可双手端起食用。

吃梨、苹果不要整只地咬，而应用水果刀将水果切成四至六块，剜去果心，用手拿着一块一块吃。吃香蕉则剥皮后整根放在盘子里，用刀、叉切开，一块一块吃。吃橘子时，先用手把皮剥掉，一片一片地掰开吃。吃水果时，有时会送上一小水盂，这是供洗手之用的，切勿将此当作饮料饮用。用餐过程中自己够不着的调味等物，可以请别人帮忙递过来；也可应别人要求传递给他们，传递要用右手。进食时，骨头、肉屑、果皮等，可放在食盘的右角，果核则吐在餐巾纸里，不可随便抛在桌上或地上。

若有事暂时离开，要将餐巾放在椅子上，把刀叉摆成八字、居中放在盘上。用餐完毕，将刀叉并列，靠右侧放在盘上（“四点钟”的位置）。

喝咖啡和茶的方式是：用小茶匙搅拌、放糖，搅匀后仍将茶匙放回原处再喝（茶匙不能放在茶杯里）。喝时，右手拿杯把，左手端杯托碟。喝咖啡、茶或汤一定要端起杯子找嘴，不要俯身去用嘴迁就杯子。喝完咖啡和茶，宴会就该结束了，客人可以开始告辞。

（四）西餐其他礼仪

参加正式西式宴会一定要注意服饰、仪容仪表应符合礼仪要求，用餐姿势优美大方，坐姿端庄稳重，挺直腰板，不要跷二郎腿，手放在膝盖上，不要把胳膊支在桌子上。不要随便脱上衣、松领带或挽袖子。

吃西餐时，不能拒绝对方的敬酒，即使自己不会喝酒，也要端起酒杯回敬对方。吃西餐饮酒忌讳举杯一饮而尽，应慢慢品味酒的色、香、味。在西餐宴席上往往是敬酒不劝酒，即使是劝酒也只是点到为止。

西餐退席一般以女主人的行动为准。男女宾客同时退席时，一般男宾先与男主人告别，女宾先与女主人告别，再交叉告别，最后与其他客人告别；客人在向主人临别致谢时，要先向女主人表示感谢。此外，宴会主人退席时不说“招待不周”“准备欠妥”等谦逊语。

第五节　求职面试礼仪

求职面试礼仪是交往礼仪的重要组成部分，也是取得求职成功、树立良好职业形象的重要基础。在求职面试的过程中，面试礼仪是最为重要的一个环节，是成败的关键。所以要从每个细节入手来打造自己的良好形象。

一、第一形象：成功基础

外部形象是面试的第一张名片，尤其是好的第一形象是求职成功的基础。树立第一形象，首先要守时。守时不仅是职业礼仪的内容，也是职业道德的基本要求。提前 10 分钟左右到达面试地点为最佳，可熟悉一下环境，稳定一下心神。提前太多也是不合适的，但如果面试迟到，会被视为缺乏自我管理和约束能力，即缺乏职业能力，影响自身的形象，也关系到对他人、对自己的尊重问题，就很可能与机会失之交臂。其次，进入面试单位，不要四处闲逛，不要东张西望，要注意用语、举止文明。进入等候室时要关闭手机，保持安静及正确的坐姿，不要来回走动、浮躁不安，也不要与别的求职面试者聊天，更不宜抽烟。

二、第一照面：成功因素

进屋、入座，与考官第一照面，留给考官的第一印象是求职能否成功的重要因素。如果没有人来通知进去面试，即使前面一个人已经面试结束，也应该在门外耐心等待，不要擅自走进面试房间。自己的名字被喊到，就有力地答一声“是”或“到”，然后再按礼仪规范敲门进入。进入房间，开、关门动作要尽量轻并规范。回过身后向考官鞠躬行 30 度礼，面带微笑称呼一声“您好”。待考官说“请坐”后方可按坐姿礼仪坐下，坐下时应道声“谢谢”，并与考官保持合乎礼仪的距离。面试交谈完后，要礼貌起身，做到稳重、安静、自然。总之，要谦恭有礼，大方得体，又不要过分殷勤、拘谨或谦让。

三、语言艺术：成功关键

（一）语言就是力量

语言艺术是一门综合艺术，包含着丰富的内涵。一个语言艺术造诣较深的人，肯定也具备多方面的素养，如具有较高理论水平、广博的知识、扎实的语言功底。“言为心声”，语言能客观反映一个人的文化素质和内涵修养。谦虚、诚恳、自然、亲和、自信的谈话态度，会让人在任何场合都受到欢迎；对答如流的公关语言、妙语连珠的艺术性口才，将帮助应聘者获得成功。

个人自我介绍是面试实战非常关键的一步。因为众所周知的“前因效应”的影响，见面时前 2～3 分钟的自我介绍是个人所有工作成绩与为人处世的总结，也是接下来面试的基调，将在很大程度上决定应聘者在各位考官心里的形象。个人介绍时，第一，要突出个人的优点和特长，并要有相当的可信度，语言要概括、简洁、有力，不要拖泥带水、轻重不分。第二，要展示个性，使个人形象鲜明，可以适当引用别人的言论，如老师、朋友等的评论来支持自己的描述。第三，坚持以事实说话，少用虚词、感叹词之类。当不能回答某一问题时，应如实告诉对方，含糊其辞和胡吹乱侃会导致失败。第四，要符合常规和语言逻辑，介绍的内容和层次应合理、重点突出，使自己的优势很自然地逐步显露。第五，尽量不要用简称、方言、土语和口头语。

（二）身体语言——无声胜有声

无声的身体语言是重要的公关手段，对面试成败非常关键。身体语言主要有：手势语、目光语、身势语、面部语、服饰语等。通过仪容、仪态、神情、动作来传递信息，在交往中起到无声胜有声的效果，是职业形象的更高境界。比如适当的微笑，可以显现出一个人的乐观、豁达、自信；服饰的大方得体，能反映出一个人风华正茂，有知识、有修养，可以在考官眼中形成一道绚丽的风景，增强求职竞争力。握手也是一种重要的身体语言，专业化的握手能创造出平等、彼此信任的和谐氛围，手与手的礼貌接触是建立第一印象的重要开始，不少单位把握手作为考察一个应聘者是否专业、自信的依据。

其实，面试能否成功，有时是在应聘者不经意间决定的，而这和应聘者的言谈举止很有关系。从心理学的角度来看，一个人的言谈举止反映的是他的内在修养。不同类型的人，会表现出不一样的行为习惯；而不同公司、不同部门，也就在面试中通过对应聘者言谈举止的观察，来了解他们的内在修养、内在气质，并以此来确定其是否是自己需要的人选。如果说气质源于陶冶，那么风度则可以借助于技术因素来修饰。风度总是伴随着礼仪，一个有风度的人，必定谙知礼仪的重要，能做到彬彬有礼、落落大方、顺乎自然、合乎人情。外表、内涵和肢体语言的真挚融合，这便是现代人的潇洒风度。所以，仪态大方得体，举止温文尔雅，往往能在求职面试中稳操胜券。

第十章 职业礼仪

职业礼仪，是指职业人员在进行各种与工作相关的活动时应当遵循的各种礼仪规范，通常包括接待与拜访礼仪、电话礼仪、位次礼仪、仪式礼仪等。只有认真掌握各项行为规范，才能全面提高办理公务的综合能力，从而塑造组织的良好形象。

第一节 接待与拜访礼仪

迎来送往，拜访会晤，是职业活动中常见的情景。随着经济的发展和对外交往的扩大，组织接待及拜访工作越来越频繁。正确的礼仪运用，对组织间建立联系、发展友谊、沟通合作有着极其重要的作用。

一、迎送与拜访礼仪

迎来送往，是社会交往活动中最基本的形式和重要环节，是表达主人情谊、体现礼貌素养的重要方面。尤其是迎接，是给客人良好第一印象的最重要工作。给对方留下好的第一印象，就为下一步深入接触打下了基础。

（一）迎客礼仪

迎接客人要做到：细致周到、主动热情、对口接待。

1. 细致周到

对事先预约而来访的重要客人，应了解对方到达的车次、航班，尽可能安排与客人身份、职务相当的人员前去迎接；若无法到车站、机场或码头迎接，至少应在单位门口或办公室楼下恭候；如果来宾人数较多，应安排几位接待人员参与迎接。对于经常见面的客人，提前到达约定见面的会客室或办公室静候即可。对不速之客前来拜访，应态度和蔼地了解对方姓名、单位，问明来意，妥善安排会见。

2. 主动热情

客人来访，应主动热情，让座敬茶。如拜访对象忙于其他事务一时难以脱身，应向客人说明情况，请其稍候并尽量告知等待时间，或联系其他人员协助接待，切忌让客人坐“冷板凳”、无人问津。交谈过程中不要当众频频看表；若因为忙或有重要约会，可以礼貌地告知对方改日再谈，并表示歉意。

3. 对口接待

客人来访时，如不需本人接待，应通知对口接待人员，将客人请到适当的交谈场所并倒好茶水后见机离去。如客人欲拜访的领导或相关人员不在，可以委婉地请对方把材料、电话、地址留下，过后再及时、主动和他们联系。

故事

某酒店是一家三星级外资酒店，但最近经营状况不尽如人意。刘老师受学院委派，到该酒店了解实习生实习情况。刘老师先到人事部向酒店主管人事的总监张女士了解情况，得知酒店对实习生基本满意；他又与实习的学生谈话，却听到实习生们的诸多抱怨，不愿在此实习。已近中午12点，为不给酒店增添麻烦，刘老师向主管人员告辞。这时，一个眼熟的身影走过，“哦，总监张女士下班了。”刘老师正想与她打招呼，她却对刘老师视而不见，擦身而过。刘老师突然悟出了实习生为什么不安心在这家酒店实习的原因：作为酒店重要部门的人事部，接待协助酒店工作的外地学校教师2个多小时，没有倒上一杯水；作为酒店高级管理人员的总监在与教师谈话期间，多次当面接打手机，再次相遇时不打招呼。这些行为直接影响酒店良好形象的塑造，可想而知酒店经营管理有多失败。

（二）送客礼仪

俗话说：“迎人迎三步，送人送七步。”作为职业人员，必须认识到送客比迎客更为重要。遵守送客礼仪，可以给对方留下美好印象；虎头蛇尾，可能前功尽弃。

（1）客人提出告辞时，要等客人起身后再起立相送。

（2）客人起身告辞时，要等客人先伸手后再与客人握手告别，同时选择最合适的言词送别，要以希望再次见面的心情来恭送对方。

（3）送客返身进屋时，如需关门，应将房门轻轻关上，不要使其发出声响。

(4) 送客要送到电梯口或汽车旁，重要客人最好送到车站、机场或码头。告别时，要与客人握手，目送客人离开或上车。要以恭敬真诚的态度，笑容可掬地送客。不要急于返回，应鞠躬挥手致意，待客人移出视线后，才可结束告别仪式。

(三) 拜访礼仪

职业拜访通常有三种类型：一是为工作而进行的事务性拜访；二是因礼尚往来而进行的礼节性拜访；三是为沟通感情而进行的私人拜访。拜访礼仪必须注意以下几点：

1. 注重预约

拜访要事先预约、联络妥当，在征得对方同意并预定好拜访的时间、地点后，再登门拜访；即使是因急事需要临时拜访，也应事先征得主人同意。拜访应该选择恰当的时机，如果是事务性拜访，应选择上班时间，但不宜在星期一一大早或星期五下午快下班时前去拜访；礼节性拜访，则应选择对方上班比较空闲的时间，但不宜逗留时间过长；私人拜访，应该选择对方休息时间，但不宜在对方用餐、午休时间。

2. 守时守约

出发前应先查询拜访地点的准确位置及路线，以免延误，并稍微提前几分钟到达。如果有紧急事情将导致晚到，必须及时打电话向对方解释。要控制时间，最好在约定时间内完成访谈；如果对方表示有其他要事，千万不要拖延；如未完成工作，可约定下次拜访时间。

3. 举止文明

到拜访地点前，要稍事整理服装仪容，关闭手机或调成静音。要讲究敲门的艺术：用食指间隔有序轻敲三下，等待回音；如无应声，可稍加力度，再敲三下；如有应声，侧身隐立于右门框一侧，待门开时再向前迈半步，与主人相对。在等待时要耐心，不要大声谈话或东张西望。若主人没有让座，不能随便坐下；主人让座之后，要口称“谢谢”，然后采用符合礼仪的坐姿坐下。要遵守办公室禁烟的规定。起身告辞时，要向主人表示“打扰”之歉意；出门后，回身主动伸手与主人握别，并说“请留步”；主人留步后，走几步，再回首挥手致意说“再见”。

二、介绍礼仪

介绍是职业活动中相互了解的基本方式，是人际交往的一座桥梁。通过介绍，可以拉近人与人之间的距离，创造良好的沟通机会，从而更好地进行交流。

（一）介绍的顺序

介绍的先后顺序是个礼节性很强的问题。介绍的普遍原则是：受尊重的一方有优先的知情权。

在职业领域，受尊重方一般指职位高的人、来访的客人；职位相当，才遵循“女士优先”“年长者优先”的原则。具体而言，把主人介绍给客人，把职位低者介绍给职位高者。

（二）自我介绍

到外单位联系工作或求职时，为了让别人认识自己、了解自己，往往需作自我介绍。自我介绍既是一种礼貌，也是进一步交流以达到沟通目的的前提和基础。

自我介绍的基本程序是：先向对方问好或点头致意，然后再向对方介绍自己的姓名、身份和单位，同时可以递上事先准备好的名片；如对方表现出有认识自己的愿望，则可在此基础上，再简略地介绍自己的籍贯、学历、志趣、专长等。

自我介绍应及时准确、简明扼要、态度恭谦、实事求是、面带微笑、落落大方、胸有成竹，要善于用眼神表达自己的友善与关切，充满自信和热情，做到语气自然、语速正常、语音清晰，让对方产生好感。

三、名片礼仪

名片在我国已有 2 000 多年的历史，产生于秦汉时期。在现代，名片已成为人际交往、建立联系的重要工具，也是职业活动中一个人身份的象征。

（一）递送名片

从上衣贴胸口袋或公文包里拿出名片盒，抽出名片，起身站立，上身呈 15 度鞠躬状，面带微笑，走近对方，正面朝客人，恭敬地用双手的拇指和食指分别握住名片上端的两角送到对方面前。递送名片时可以说“我叫×××，这是我的名片，请笑纳”或“请多关照”之类的话。

递送名片应注意：辈分较低者，先递名片；到别处拜访时，经上司介绍后，再递出名片；不可递出涂改或皱折的名片。因各国习惯不同，名片礼仪略有差异，如与外宾交换名片，可先留意对方如何递送名片，随后再跟着模仿。

（二）接受名片

接受他人名片时，应起身站立，面带微笑迎向对方，恭敬地用双手的拇指和食指接住名片的下方两角，并轻声说“谢谢”“认识您十分荣幸”等，并当着对方的面，仔细通读名片内容，随后郑重其事地将名片放入左胸内衣袋或自己携带的名片夹中，以示尊重。

接过别人的名片切不可随意摆弄或扔在桌子上，不可书写，不要弄脏，也不要随便地塞在口袋或丢在包里，更不可放入后裤袋。

故事

经过洽谈，A公司与B公司初步达成协议，B公司人员到A公司实地探访。客人告别离开时，看见主人把自己的名片随意压在茶杯底下，而且主人没有把客人送到楼下，而是说了句：“好走，不送。”客人刚出门，主人就“嘭”地把门关上了。第二天，A公司接到B公司的电话，称他们已经与别的公司签约。

第二节　电话礼仪

电话被现代人公认为便利的通信工具。掌握正确的电话礼仪是非常重要的，否则，不仅会影响个人工作，还会有损组织形象。

一、拨打电话礼仪

（一）选择打电话的时机

公务电话应尽量打到工作单位，但最好避开刚上班或临近下班的时间；确有必要往对方家里打电话时，应避开吃饭或休息时间。

（二）控制打电话的时间

掌握电话的“3分钟原则”——一次打电话的时间应当不超过3分钟。通话时要长话短说，既要积极、热情，又要注意不要因自己而浪费时间，不要在电话里问寒问暖、说长道短，更不能用办公电话“煲电话粥”或打私人电话。

（三）注意打电话的礼貌

电话接通后，首先问候对方，然后自报单位、职务、姓名，不要让对方猜自己是谁，以免使对方感到为难；必要时，应询问对方是否方便，在对方方便的情况下再开始交谈。若请人转接电话，要向对方致谢。通话完毕时应道“再见”，然后轻轻放下电话。按照职业场合的电话礼仪，一般是由通话双方中地位高者终止通话；如果双方地位平等，那么应该由主叫方先挂掉电话。

二、接听电话礼仪

（一）做好通话准备

接听电话之前，应进行一些准备，如备好记录本和笔等。

（二）接听电话的时机

应在电话响铃两声之后、三声以内接听。太急迫地接听，容易把自己的心情毫不掩饰地传递给对方；太久则可能会使对方失去耐心而挂断电话。如果电话铃响过四声之后，拿起听筒应向对方说：“对不起，让您久等了。”

（三）接听电话的礼貌用语

接通电话后应亲切地问候对方“您好”，接下来说出自己的工作单位、部门或姓名。这样做不仅礼貌，还可以帮助对方确认有没有打错电话。接听电话常用的礼貌用语有：“您好！”“请稍等。”“对不起，您打错了。”“需要为您转接吗？”“请您直接拨打××××。”“请讲。”“还有什么能帮您的吗？”

（四）学会倾听

接听电话时为了表示认真倾听对方说话，应经常说“是，是”“好，好吧”等，并且要用得恰到好处。

（五）接听要注意的几个问题

（1）仪态文雅、庄重，轻拿轻放电话；

（2）声调适中，语气柔和，多用谦词；

（3）不要在接电话时与旁人打招呼、说话或议论某些问题，如果不得已，要向对方道歉，请其稍候，或者过一会儿再与对方通电话；

（4）交谈完毕时，应尽量让对方结束对话，若确需自己来结束，应解释、致歉；

（5）通话之初自我介绍宜直陈姓名，忌自报头衔、职务。

不管是拨打或接听电话，都要做到：姿势端正，态度和蔼，语言清晰，既不装腔作势，也不娇声娇气。只要脸上带着微笑，自然会把这种美好的、明朗的表情传给对方，哪怕只是简单的问候，也会给对方留下好印象。特别是早上第一通电话，彼此亲切悦耳的招呼声，会使人心情开朗，有利于沟通的顺利进行。要记住，打电话时，应有“我代表单位形象”的意识。

三、代接电话礼仪

（一）以礼相待，尊重隐私

如果对方要找的人不在办公室里，切忌只说一声“不在”就不容分说挂断电话，或过分追问对方情况。应礼貌地说：“对不起，他刚好不在。您需要留言吗?”如果对方不需要留言，不要追问对方姓名，礼貌结束通话即可；要是对方有留言，要准确记录留言内容，并及时转告。

（二）把握分寸，妥善处理

如果是熟人或上级主管找领导且领导在的话，就立即转告，让领导接听电话。需要把电话转给领导时，在传达电话前，要清楚表达“××公司××先生打来的电话”，同时，要把从对方得到的消息简洁、迅速地传给领导，以免对方再重复一次，同时让你的领导有个思想准备。如果是陌生人打电话找领导而领导不愿接听，需要搪塞的，则应灵活应付，恰当地把握讲话的分寸，按领导意图妥善处理；有时需要机智巧妙，避免给领导接通他所不想接的电话。当对方追问所要找的人的移动电话号码时，一般情况下未经本人同意不能相告，应婉转告诉对方自己不清楚，请他稍候再打过来；或者请对方留下电话号码，以便回电。

四、手机礼仪

随着手机的普及，手机的使用礼仪越来越受到关注。

（1）在会议、洽谈和用餐的时候，应关机或调到静音状态。

（2）手机在没有使用时，要放在合乎礼仪的常规位置，如随身携带的公文包里、衣服口袋里，也可以放在不起眼的地方。不要放在桌子上或拿在手里，特别是要注意不要把手机对着正在交谈的客人。

（3）不在公共场所，如公交车、电梯、图书馆等地方旁若无人地使用手机；确有必要，应该把声音尽可能地压低，切忌大声地接打电话。而在剧场、医院等地方，采用静音的方式发送手机短信、微信是比较适合的。

（4）在给对方打手机时，应注意从响铃时间长短或听筒里听到的回音来鉴别对方所处的环境。如对方在开会、开车，应及时挂断，过后再打或通过短信、微信联系。但不论在什么情况下，是否通话还是由对方来定为好，所以“现在通话方便吗?”通常是拨打手机的第一句问话。在有其他联络方式时，还是尽量不打对方手机为好。

（5）在短信、微信的内容选择和编辑上，应该和通话文明一样重视。不传谣，不要编辑或转发不健康、低级趣味、违反法规，特别是一些讽刺伟人、名人甚至是革命烈士的内容。

第三节　位次礼仪

在职业活动中，尤其是涉外活动中，位次的排列十分重要。行走、接待、会议、餐饮、乘车等，对不同身份的人都有不同的位次安排。位次安排是否规范，是否符合礼仪的要求，关系到对交往对象的尊重和友善。位次排列安排不当，或不符合国际惯例，很容易产生不愉快，引起不必要的误会，影响交往与合作，对此必须认真对待。

故事

经过洽谈，南方某市的一公司终于同美国的一家跨国公司谈妥了一笔大生意。双方在达成合约之后，决定为此正式举行一次签字仪式。因为当时双方的洽谈在我国举行，故此签字仪式便由中方负责。在仪式正式举行的那一天，让中方出乎意料的是，美方差一点“临场变卦”。原来，中方的工作人员在签字桌上摆放中美两国国旗时，误以中国传统的“左为上”代替了目前所通行的国际惯例“右为上”，将中方国旗摆到了签字桌的右侧，而将美方国旗摆到签字桌的左侧。这让美方人员恼火不已，他们甚至因此而拒绝进入签字厅。这场风波经过调解虽然平息了，但它给了人们一个教训：在职业交往中，不可不知位次的礼仪。

一、行进中的位次礼仪

（1）并排行进时，中央高于两侧，内侧高于外侧，要让尊者（上司、长者或客人）走在中央或者走在内侧。单行行进，即一条线行进时，前方高于后方，如果没有特殊情况，应该让尊者走在前面。行进中引导客人时，宜在左前方。

（2）上下楼梯时，应靠右侧单行行进，上楼以前方为上，下楼以后方为上。

（3）出入无人值守的电梯时，陪同者先进后出，尊者后进先出。陪同者先进后出，是为了控制开关钮。出入有专人值守的电梯，陪同者则应后进后出。

（4）出入房门时，若无特殊原因，尊者先出入，陪同者要为尊者开门。特殊情况下，如室内昏暗无灯、空气流通不畅，陪同者则宜先入，开灯开窗；如果房门向内开，陪同者也宜先入开门。

二、轿车的位次礼仪

以双排五人座轿车为例，区分三种情况：

（1）由专职司机驾驶时，后排右座为尊。因为中国大陆车辆靠右行，这个位置上车下车方便、安全。其他座位的尊卑次序为：后排左座，后排中座，副驾驶座。

（2）由主人亲自驾驶轿车迎送朋友时，尊卑座次为：副驾驶座，后排右座，后排左座，后排中座。与主人最亲近的朋友（尊者）坐在副驾驶座，便于交流沟通，同时也是对主人的尊重，即不把主人当“专职司机”、相信主人的驾驶技术。

（3）由主人亲自驾驶轿车迎送朋友，如主人的爱人或未婚对象也在车上时，则副驾驶座为其专座。

三、会客的位次礼仪

（1）相对式：客人与主人对面而坐称为相对式。相对式位次排列的基本礼仪是“面门为上”，即面对房间正门者为上位，是客位，背对房间正门者为主位；多人时，以“右为尊”，内侧高于外侧。

（2）并列式：宾主并排而坐。当宾主并排而坐，双方都面对房间正门时，客人坐在主人的右边。

四、谈判的位次礼仪

（一）双边谈判

举行双边谈判时，应使用长方形或椭圆形桌子，宾主应分坐于桌子两侧。具体位次排列分两种情况：

一种是横式，即谈判桌在谈判厅里是横着摆放，遵循“面门为上”，面对正门的一方应属于客方；背对正门的一方属于主方。

另一种是竖式，即谈判桌在谈判厅里是竖着摆放，遵循“右为尊”，以面门方向为准，右侧属于客方，左侧属于主方。

谈判时，各方的主谈人员应在自己一方居中而坐，其他人员则按右高左低的原则，依照职位的高低自近而远地分别在主谈人员的两侧就座。

（二）多边谈判

多边谈判是指谈判的参加者是三方或者是三方以上。多边谈判的座次排列有两种常规情况：一种是自由式，参加谈判的各方可自由择座；另一种是主席式，面对房间正门设一个主位，谁需要发言，就到主位去发言，其他人面对主位，背门而坐。

五、签字仪式的位次礼仪

签字仪式的位次礼仪要点：第一，签字桌一般是在签字厅内横放；第二，双方签字者面对房间正门而坐，客人坐右侧，主人坐左侧；第三，双方参加签字仪式的其他人员，呈直线型，单行或者多行并排站立在各自签字者身后，同时强调中央高于两侧，前排高于后排。

如果是多边签字仪式，签字者要按照某种约定的顺序依次签名，而不像双边签字仪式一样大家平起平坐，同时签名。

六、会议的位次礼仪

（一）小型会议

小型会议的位次排列，同样遵循“面门为上、右为尊”的国际惯例。圆桌会议通常只考虑主席之位，其他人可以自由择座，或依惯例入座。

（二）大型会议

大型会议应考虑主席台位次和主持人、发言席位置。

主席台的位次排列，居中为上，以右为上，前排为上。

主持人之位，一般居于前排最右侧；发言席一般设于主席台右前方。

第四节　仪式礼仪

一、庆典活动礼仪

庆典活动是围绕重大事件或重大节日而举行的庆祝活动仪式。常见的庆典活动有：节庆典礼、庆功典礼、开业典礼、奠基典礼、竣工典礼等。庆典活动的目的，是激发感情，鼓舞斗志，宣传教育，扩大知名度和影响，树立良好的公众形象。庆典活动必须符合礼仪规范，才能收到预期效果。

（一）庆典活动的策划组织

1. 制定庆典活动方案

庆典活动方案，包括典礼的名称、规格规模、邀请范围、时间地点、典礼形式、基本程序、主持人、筹备工作、经费安排等。庆典活动要执行国家有关规定，重大庆典活动一般要报上一级机关审批。

2. 确定参加活动的对象

庆典活动一般要邀请有关领导、知名人士、行业及社区公众代表、新闻记者参加。一旦确定人员，应当及早发出邀请，并准确掌握来宾的情况。

3. 安排庆典活动程序

合理的庆典程序一般包括：重要来宾留言、题字；主持人宣布活动开始；奏国歌或奏乐，介绍重要来宾；领导人致词和来宾代表讲话；剪彩、参观活动等。有时还安排座谈、宴请、文艺演出等活动。

4. 现场布置和物质准备

庆典现场的布置，根据庆典内容确定。一般包括音响、音像设备，会场、舞台或现场的横幅、标语、彩旗、鲜花、气球等设置。需要剪彩的，还要准备缎带、剪刀、手套、托盘。

5. 安排接待工作

要有专门的礼宾接待人员。重要来宾的接待，要由有关负责人亲自完成。要安排专门的接待室，以便庆典正式开始前让来宾休息、交谈。要有专人引导入场、签到、留言、剪彩等。

6. 后勤保障和安保工作

要做好庆典活动的后勤保障工作，包括茶水供应、现场秩序维护和安全保卫工作。

（二）庆典活动的礼仪规范

1. 适时

庆典活动有一个适时举行问题。选择好时机，可以为典礼增色不少，增强活动的效果。有些典礼的时间是固定的，如节日、纪念日，这些庆典一般只能提前，不能推后。有些庆典则要选择时机。如企业庆典活动，通常要把企业时机、市场时机结合起来考虑，使庆典活动与市场时机相契合。又如开业、竣工等典礼，除了要筹备好以外，还要考虑有关领导能否出席、气候及前后节庆情况等因素。

2. 适度

庆典活动是一种礼仪性活动，要严格遵守国家有关制度和中央“八项规定”精神，认真执行申报程序。同时要有精品意识，典礼过多、过滥，会影响庆典活动的质量和效果。典礼的规模、形式还要和单位、项目情况大体相符。

3. 隆重

典礼是一种热烈庄重的仪式，需要一定的隆重程度。这样既可以鼓舞人心，又可以扩大影响。在现场布置、形式选择、程序安排等环节下工夫，努力营造隆重热烈的气氛。同时还要力求有创意，一般化的庆典活动无法留给人深刻印象，不可能取得效果。

4. 节俭

庆典活动既要隆重热烈，又要简朴务实。从规模、规格上要严格控制，邀请人员的级别、数目要适当，不能一味追求“高、大、全”。在项目、程序上尽量从简，可以省去的一些环节就应当坚决省去。典礼也要奉行“少花钱，多办事”的原则，不能一味摆排场、讲阔气，铺张浪费。

二、剪彩礼仪

剪彩仪式，是为了庆贺企业成立开业、大型建筑物落成、新造的车船和飞机出厂、道路桥梁的首次通车、大型展销会和博览会的开幕等而举行的一种庆祝活动。剪彩作为一种庆典形式，可以在开业典礼中进行，也可举行专门的剪彩仪式，以期引起社会各界的重视。

关于剪彩的由来，一般认为起源于西欧。在古代，西欧造船业比较发达，新船下水往往吸引成千上万的围观群众。为了防止人群拥向新船而发生意外事故，主持人在新船下水前，在离船体较远的地方，用绳索设置一道“防线”。等新船下水典礼就绪后，主持人就剪断绳索让观众参观。后来绳索改为彩带，人们就给它起了“剪彩”的名称。也有一种说法是：20世纪初美国一个小镇的一家商店，一条小狗碰落了用以阻挡蜂拥而来的顾客进入店内的布带，使小店顾客盈门，财源广进。后来，人们纷纷模仿，以讨个吉利，并赋予它一个美妙的名词——“剪彩”。

剪彩在从一次偶发的事件演化为一种热烈而隆重仪式的过程中，自身也有所发展和变化。起初，“剪彩者”是由人牵着小狗来充当，接着改由儿童担任，后来由美女去撞落拴在门口的大红色的缎带，最后被定型为邀请当地官员或名流剪断由佳丽们手拉的红缎带。这样，剪彩就从最初的一种促销手段发展成为商务活动中的一种重要仪式，并约定俗成地形成了一套礼仪要求。

（一）剪彩仪式的准备工作

1. 会场布置

剪彩仪式的会场一般选在新建工程、设施的现场，展销会、博览会门口。会场要有会标横幅，四周可适当张灯结彩、悬挂气球等。

2. 来宾邀请

事前向有关单位和个人发送请柬或刊发广告和张贴告示，特别是对剪彩者应发出郑重邀请。

3. 物品准备

剪彩仪式的用品如剪刀、白纱手套、托盘等，应按剪彩者人数配备；系有花结的大红缎带，以及馈赠的纪念性小礼品等，也应做好准备。

4. 挑选礼仪小姐

为了增加热烈而隆重的喜庆气氛，可以邀请礼仪小姐参加仪式。礼仪小姐可从本企业中挑选，或到公关公司、旅游公司、宾馆、文艺单位聘请。人员确定后，要进行必要的分工和演练。

5. 确定剪彩者

剪彩者一般是上级领导、主管部门负责人或某一方面的知名人士，而且是有较高威望、深受大家尊敬和信任的人。如果是邀请几位剪彩者一起剪彩，应事先征求每位剪彩者的意见，得到同意后才能正式确定下来，以免失礼和误会。

（二）剪彩仪式的程序

（1）请出席者各就各位。会场座席一般只安排剪彩者、来宾以及本单位主要领导和部门负责人的座位。剪彩仪式开始，应敬请剪彩者和来宾入座。如果不是对号入座，可由服务人员引导到座位上。剪彩人员安排在前排；有几位剪彩者时，应按剪彩时的位置就座，以防宣布剪彩后位置相互交叉。

（2）主持人宣布剪彩仪式正式开始，介绍重要来宾并向他们表示谢意；鼓掌向与会者表示谢意，向所有祝贺单位表示感谢。有时请乐队奏乐或燃放鞭炮，以烘托现场的热烈气氛。

（3）简短发言。发言者一般有：主办方代表；上级主管部门、地方政府及其他协作单位的代表。主办方发言的内容主要是介绍项目的目的、宗旨、意义，并对有关筹备、筹建过程进行简要汇报，对有关协助、支持单位和个人表示感谢等。发言应言简意赅，充满热情，两三分钟即可。

（4）进行剪彩。主持人宣布正式剪彩之后，剪彩者应在礼仪小姐引导下，步履稳健地走向剪彩位置，按照礼仪要求进行剪彩。主席台上的人员一般要随行至剪彩者之后 1～2 米处站立。

（5）参观现场。即参观被剪彩的项目。

（6）招待来宾。按照商界惯例，在剪彩仪式结束之后，通常以自助餐招待来宾，或以纪念性的小礼品相赠。

（三）礼仪小姐和剪彩者的礼仪规范

1. 礼仪小姐礼仪规范

要求仪容端庄、仪态文雅。着装宜选择西服套裙或中式礼服——红色旗袍，穿高跟鞋，配长筒丝袜，化淡妆，并以盘起发髻的发型为佳。

2. 剪彩者礼仪规范

剪彩者是剪彩仪式的主角，其举止直接关系到剪彩仪式的效果和企业的形象。因此，作为剪彩者，要有荣誉感和责任感，衣着要大方、整洁、挺括，容貌要适当修饰，剪彩过程中要保持稳重的姿态、洒脱的风度和优雅的举止。

如有多位剪彩者，应让中间主剪者走在前面，其他剪彩者紧随其后走向自己的剪彩位置。当礼仪小姐用托盘呈上白手套、新剪刀时，剪彩者可用微笑表示谢意并随即接过手套和剪刀。剪彩前要向手拉缎带的礼仪小姐点头示意，然后全神贯注、表情庄重地将缎带一刀两断；如几位剪彩者共同剪彩，则要协调行动，处在外端的剪彩者应用眼睛余光注视处于中间位置的剪彩者的动作，力争同时剪断彩带。同时，还应和礼仪小姐配合，注意让彩球落于托盘内。

在剪彩仪式的过程中，剪彩者的言谈举止要有节制。剪彩仪式开始前，可以和举办单位领导、来宾及共同剪彩者随意交谈。当宣布剪彩仪式开始后，即应中断谈笑，全神贯注地听主持人讲话。剪彩完毕，应转身向四周的人们鼓掌致意。这时可与主人进行礼节性谈话，或同其他剪彩者进行赞赏性谈话，但时间都不宜过长，然后在礼仪小姐引导下退场。剪彩之后参观或聚会时要虚心、认真。参观时，要耐心听取主办单位的介绍，对其所取得的成就应给予肯定和赞许。聚会时，态度要谦虚谨慎，言谈举止应彬彬有礼。对于举办单位馈赠的礼品，如特别贵重的应婉言谢绝；一般纪念性小礼品可庄重接受并诚心诚意地表示感谢。